MÍDIA, DIREITO PENAL E VULNERABILIDADE
A opinião pública na decisão penal

Vítor Burgarelli

MÍDIA, DIREITO PENAL E VULNERABILIDADE

A opinião pública na decisão penal

Belo Horizonte

2021

© 2021 Editora Fórum Ltda.

É proibida a reprodução total ou parcial desta obra, por qualquer meio eletrônico, inclusive por processos xerográficos, sem autorização expressa do Editor.

Conselho Editorial

Adilson Abreu Dallari
Alécia Paolucci Nogueira Bicalho
Alexandre Coutinho Pagliarini
André Ramos Tavares
Carlos Ayres Britto
Carlos Mário da Silva Velloso
Cármen Lúcia Antunes Rocha
Cesar Augusto Guimarães Pereira
Clovis Beznos
Cristiana Fortini
Dinorá Adelaide Musetti Grotti
Diogo de Figueiredo Moreira Neto (*in memoriam*)
Egon Bockmann Moreira
Emerson Gabardo
Fabrício Motta
Fernando Rossi
Flávio Henrique Unes Pereira

Floriano de Azevedo Marques Neto
Gustavo Justino de Oliveira
Inês Virgínia Prado Soares
Jorge Ulisses Jacoby Fernandes
Juarez Freitas
Luciano Ferraz
Lúcio Delfino
Marcia Carla Pereira Ribeiro
Márcio Cammarosano
Marcos Ehrhardt Jr.
Maria Sylvia Zanella Di Pietro
Ney José de Freitas
Oswaldo Othon de Pontes Saraiva Filho
Paulo Modesto
Romeu Felipe Bacellar Filho
Sérgio Guerra
Walber de Moura Agra

FÓRUM
CONHECIMENTO JURÍDICO

Luís Cláudio Rodrigues Ferreira
Presidente e Editor

Coordenação editorial: Leonardo Eustáquio Siqueira Araújo
Aline Sobreira de Oliveira

Av. Afonso Pena, 2770 – 15º andar – Savassi – CEP 30130-012
Belo Horizonte – Minas Gerais – Tel.: (31) 2121.4900 / 2121.4949
www.editoraforum.com.br – editoraforum@editoraforum.com.br

Técnica. Empenho. Zelo. Esses foram alguns dos cuidados aplicados na edição desta obra. No entanto, podem ocorrer erros de impressão, digitação ou mesmo restar alguma dúvida conceitual. Caso se constate algo assim, solicitamos a gentileza de nos comunicar através do *e-mail* editorial@editoraforum.com.br para que possamos esclarecer, no que couber. A sua contribuição é muito importante para mantermos a excelência editorial. A Editora Fórum agradece a sua contribuição.

B954m	Burgarelli, Vítor
	Mídia, direito penal e vulnerabilidade: a opinião pública na decisão penal / Vítor Burgarelli.– Belo Horizonte : Fórum, 2021.
	168p. 14,5x21,5cm
	ISBN: 978-65-5518-171-5
	1. Direito Penal. 2. Direito Processual Penal. 3. Criminologia. I. Título.
	CDD: 341.5
	CDU: 343

Elaborado por Daniela Lopes Duarte – CRB-6/3500

Informação bibliográfica deste livro, conforme a NBR 6023:2018 da Associação Brasileira de Normas Técnicas (ABNT):

BURGARELLI, Vítor. *Mídia, direito penal e vulnerabilidade*: a opinião pública na decisão penal. Belo Horizonte: Fórum, 2021. 168p. ISBN 978-65-5518-171-5.

Procuro praticar a gratidão em todos os momentos da vida, então aqui apenas reitero os momentos de reconhecimento às contribuições que as pessoas ao meu redor deram a essa conquista.

Em ordem lógica, aos meus pais, Mario e Aida, por terem incentivado e possibilitado esse projeto.

À Ana Paula, minha namorada, que me acompanhou com muito amor em cada passo do caminho, me empurrou sempre que eu precisei, revisou a dissertação e ficou mais nervosa que eu no dia da defesa.

Ao amigo Luís Gustavo, desde sempre um grande companheiro, além de indispensável para que este livro pudesse ser publicado.

Ao programa de pós-graduação em Direito da PUC Minas – onde este trabalho foi gestado – aos professores, colegas e funcionários dedicados a fazerem funcionar toda uma máquina de aperfeiçoamento acadêmico, sobretudo o meu orientador, Prof. Dr. Guilherme Colen.

Novamente, obrigado.

SUMÁRIO

1
INTRODUÇÃO 9

2
A NECESSÁRIA INTERDISCIPLINARIDADE 17
2.1 Introdução 17
2.2 Pretensões puristas das ciências criminais: positivismo e tecnicismo jurídicos inseridos na resposta jurídica ao crime 19
2.3 Defesa social; lei e ordem 25
2.4 Criminologia crítica, crítica ao sistema punitivo e crise 30
2.5 Realismo criminológico e reducionismo jurídico-penal 36
2.6 Por um reducionismo crítico: criminodogmática e resgate das promessas garantistas 44

3
CULPABILIDADE: ESTABELECIMENTO DO HORIZONTE DE ESTUDO 49
3.1 Introdução: por que culpabilidade e qual culpabilidade 49
3.2 Origens remotas e primeiras expressões 52
3.3 Reinhard Frank e Franz Von Liszt: consolidação na dogmática 53
3.4 A resposta neokantiana de Edmund Mezger 56
3.5 Hans Welzel e o finalismo 59
3.6 O finalismo no Código Penal brasileiro 61

4
O CAMINHO À VULNERABILIDADE 67
4.1 Introdução: o finalismo que morreu, mas passa bem 67
4.2 A crise do finalismo 69
4.3 A resposta funcionalista de Claus Roxin 73
4.4 A variação sistêmica de Günther Jakobs 78
4.5 As dificuldades de se trabalhar com o funcionalismo no Brasil. 80

4.5.1	O abismo entre discurso e prática	81
4.5.2	Os sérios limites da prevenção	84
4.5.3	A necessidade redutora	90
4.6	A culpabilidade pela vulnerabilidade: consciência marginal e reprovação pelo esforço pessoal	91

5

EXCLUSÃO SOCIAL, MÍDIA DE MASSA E VULNERABILIDADE 99

5.1	Introdução	99
5.2	Teoria(s) da mídia e seus ditos efeitos	101
5.2.1	Teorias normativas e influência direta	102
5.2.2	Efeitos limitados	106
5.2.3	Abordagem "mídia e violência"	107
5.3	A mídia em ação, parte 1: fortalecimento de uma base valorativa	109
5.4	A mídia em ação, parte 2: influência no controle dos indesejados e construção da vulnerabilidade	120
5.4.1	A vítima funcional	121
5.4.2	O suspeito execrado	125

6

O JUIZ TAMBÉM É TELESPECTADOR OU: A CONTAMINAÇÃO DA DECISÃO JUDICIAL PELA PRESSÃO MIDIÁTICA E O QUE A DOGMÁTICA PENAL TEM A DIZER SOBRE ISSO 135

6.1	Introduzindo o último ato da presente narrativa	135
6.2	As entrelinhas da decisão judicial, o juiz telespectador e o júri: sobre sociologia da punição e discursos latentes	137
6.3	Enfrentando os sistemas finalista e funcionalista de culpabilidade a partir das conclusões extraídas até agora	145
6.4	A culpabilidade revista sob o foco da vulnerabilidade e dos estereótipos	150

7

CONSIDERAÇÕES FINAIS 157

REFERÊNCIAS 163

INTRODUÇÃO

"[...] the most dangerous thing about television [...] is that we yield to the temptation not to take television seriously as both a disseminator and a definer of the cultural atmosphere we breathe and process [...]".[1]

Este capítulo inicial servirá tanto como uma introdução, metodologicamente necessária a qualquer pesquisa, quanto como uma justificativa do ponto de que pretendi partir e a que pretendi chegar com o trabalho desenvolvido nas linhas a seguir, no âmbito do mestrado em Direito Penal na PUC Minas, entre 2017 e 2019.

A preocupação principal externada ao longo da pesquisa, como poderá ser percebido, diz respeito a influências mútuas entre a realidade e o dever-ser do Direito: as influências que o Direito gera na realidade perceptível, e as que o mundo real gera no campo jurídico, especialmente no que diz respeito às decisões judiciais. Parte-se da indagação, que serviu de motivação para a pesquisa, sobre os possíveis influxos da mídia de massa na prática judicial brasileira, especificamente nos campos da interpretação judicial de categorias da dogmática penal e aplicação na decisão judicial.

Portanto, há dois pontos a serem esclarecidos neste momento inicial: a) "por que a mídia?", e; b) "por que analisar a decisão judicial?".

Em primeiro lugar, a análise sobre a mídia de massa parte de uma curiosidade pessoal, bem como de uma posição crítica diante de fenômenos de massa e senso comum. Felizmente, essa postura

---

[1] WALLACE, David Foster. E unibus pluram: television and U.S. Fiction. *Review of contemporary fiction*, Victoria, Texas, v. 13, n. 2, p. 155, 1993.

não chega ao ponto de levar a uma espécie de paranoia isolacionista, mas tão somente gera uma vontade de tentar enxergar além dessas pré-concepções.

A mídia tradicional, televisiva ou impressa, transmitida por grandes veículos de imprensa, é, ao mesmo tempo, instrumento produtor praticamente universal de consenso e um espaço de tendencioso reducionismo. Dentre diversas visões de mundo ou realidades a serem retratadas em um noticiário, o dinamismo da exibição de conteúdo em jornais, TV e mesmo nos portais da internet apenas permite que parte do todo seja transmitida. O telespectador médio, engajado nas emoções que aquela exibição gera – afinal, se não gerasse emoções, não justificaria sua audiência – e geralmente acrítico, tende a tomar como verdade apenas aquela versão reduzida da realidade.

Sobretudo em telejornais, a indignação com o crime grave, a absorção – assimilação como se do telespectador fosse – do desespero e desolação da vítima e a humilhação do suspeito capturado, são recebidas pelo público como uma sucessão necessária e desejada na narrativa sobre o crime. É consenso que, diante de um crime comprovado, uma pena é devida. Nossa Constituição Federal, Código Penal e de Processo Penal estão plenamente vigentes e abarcam o raciocínio punitivista (pejorativamente ou não).

Contudo, a entrevista dada pela vítima é suficiente à comprovação de um crime? A humilhação pública do suposto autor, filmado entrando no porta-malas da viatura, ou na delegacia de polícia, algemado, cabisbaixo e acuado por entrevistadores e policiais, é uma pena válida? A mesma Constituição, Código Penal e de Processo Penal discordam, acompanhados de algum setor da jurisprudência nacional e internacional.

De todo modo, essa espécie de narrativa se retroalimenta sistematicamente. O telespectador a busca para ter sua dose diária de emoção, e os telejornais também a buscam para satisfazer as necessidades de sua audiência, como que partes em consenso. É o que, por exemplo, o filme *O Abutre* retrata, ainda que com certas liberdades criativas peculiares ao cinema. O filme, em resumo, narra a história de um cinegrafista que filma e vende notícias sobre crimes para um canal de TV, com a instrução expressa de captar fatos violentos e, de preferência, crimes cometidos por minorias étnicas e sociais contra pessoas de classe média e alta, por serem estes mais vendáveis.

Por mais que seja uma obra de ficção, o filme abre os olhos para um fato sobre o qual, talvez, muitas pessoas não estejam cientes. A maioria das notícias veiculadas em nossos telejornais, redes sociais e jornais impressos diz respeito justamente a essa dinâmica: crimes cometidos por pessoas desfavorecidas contra a classe média trabalhadora. Quando fogem dessa lógica, em geral, retratam conflitos motivados pelo tráfico de entorpecentes, crimes sem vítimas diretas, mas repleto de efeitos colaterais decorrentes da violência que a *guerra* às *drogas* gera, como se desse um aviso: "o problema das drogas está fora de controle e pode chegar até você".

Tudo isso tem uma clara motivação: se não há a devida aproximação entre a linguagem do meio de comunicação e o espectador, o meio é ineficiente, não gera emoções. Em outras palavras, o noticiário é mais interessante – no sentido de gerar uma reação, qualquer que seja – quando, em suas entrelinhas, comunica-se diretamente com o estrato que mais o consome: a classe média irreversivelmente acometida por um grave sentimento de insegurança.

Novamente, há aí um processo de retroalimentação: a classe média, enquanto população dominante, tanto em mentalidade quanto em representatividade social, já insegura, busca se entreter com aquilo que vê e sente no cotidiano. Daí vem a atração coletiva inevitável por entretenimento que lida com temas violentos, bem como, claro, notícias com temáticas assim, com aquela carga emocional excepcional. O resultado, obviamente, é manter viva a chama da insegurança, do descrédito nas instituições de controle do crime e do clamor por medidas mais duras.

Retornamos, portanto, ao problema do reducionismo na narrativa do crime. Quando lidamos em termos absolutos, a lógica da solidariedade humana nos leva, naturalmente, a "torcer" pela vítima, aquela pessoa que teve algo seu diminuído – seja seu patrimônio, sua segurança ou até sua vida. No entanto, o que ocorre quando olhamos para o outro lado? Quando vemos que o criminoso, julgado e condenado ali mesmo pelo noticiário, teve muito mais subtraído de si pela sociedade antes do fato narrado, e que conduzi-lo nos caminhos dessa narrativa, desde as primeiras condenações informais até uma dura execução penal, tende a subtrair deste ainda mais, possivelmente tornando inevitável que reverta sua situação de marginalização.

Não é uma resposta simples: os olhos das massas quase nunca se voltam ao criminoso, porque os meios de comunicação não têm muito interesse em aprofundar a narrativa da história para além de mostrar que aconteceu um crime e que há um suspeito, já devidamente exibido.

Agir dessa forma desperdiçaria o espaço de impressão ou o tempo da edição que poderia ser utilizado para mostrar o próximo crime do dia, ou amenidades como as notícias do esporte ou a previsão do tempo.

A mídia de massa, portanto, é um recurso que subsidia nosso sistema penal de um modo perigoso: a lógica da insegurança e descrédito alimentada pelo dinamismo das notícias e seu alto poder de induzir emoções imediatas no espectador esconde uma importante parte da narrativa: a que diz respeito ao suspeito do crime. Em termos de Direito Penal, para que não se distancie da discussão que deve realmente ser travada nos limites da ciência criminal, essa dinâmica de representação do criminoso pelos meios de comunicação gera um processo de despersonalização contra esse agente, legitimando medidas duras ocultadas pelo manto do discurso jurídico.

Uma inversão é operada nesse sentido. O discurso jurídico, ao invés de revelar o objetivo constitucionalmente estipulado da promoção dos direitos fundamentais e da dignidade da pessoa humana, passa a revelar, em uma análise mais aproximada, uma tendência à justificação de medidas antidemocráticas que, porém, satisfazem a uma espécie de clamor de um público voltado a demandar um fim a seu sentimento de insegurança. Seria uma troca justa, já que o cidadão de bem, inseguro, não se imagina nunca como sendo vítima de coerções injustas pelo Estado.

Portanto, respondendo à pergunta "por que a mídia?", temos que a análise é necessária, pois se trata de um fenômeno presente em nossa sociedade de inúmeras formas e com diversas implicações, sobretudo a formação de um consenso praticamente universal, como já mencionado aqui. Quando essa formação de consenso se dá em matéria criminal, o que ocorre com muita frequência, tende a levar ao fomento de uma sensação de insegurança invencível no público, justificante de medidas cada vez mais duras contra réus, investigados ou meros suspeitos informais.

O mais grave, ao se refletir sobre essa questão, é considerar a postura de juízes que, ao se identificarem com esse posicionamento ou cederem a pressões da sociedade para tomar uma decisão dura, têm sua imparcialidade manchada e "jogam para a torcida", por assim dizer, sob pena de serem considerados coniventes com a criminalidade ou até mesmo parte dela. Juízes que se distanciam das pressões populares para se aproximarem de uma aplicação conforme à lei e à Constituição, adotando como filtro interpretativo a dignidade humana, não são, de forma alguma, alvo da crítica feita aqui.

O parágrafo anterior nos liga à próxima questão: "por que analisar a decisão judicial?". A resposta diz respeito a um recorte metodológico feito no planejamento inicial da pesquisa.

Muito já se falou na doutrina sobre o fenômeno do *populismo penal*, o movimento de elaboração legislativa motivado por fatos e pressões que tomam a atenção da mídia, gerando, não raro, leis apelidadas com o nome das vítimas desses fatos. Em síntese, esse tipo de movimento se ancora na impressão de que fazer funcionar o poder legislativo é a resposta adequada a uma onda crescente de crimes ou a um crime específico particularmente grave, com vistas à sua redução.

O interesse maior deste trabalho, por outro lado, foi colocado em questões mais próximas e cotidianas, como a consolidação de um consenso que leva juízes a decidirem de tal ou qual forma ao condenarem alguém e estabelecerem uma quantidade de pena, e como a interpretação judicial da culpabilidade é influenciada por esses fatores e aplicada desigualmente, com sustento no consenso midiático. Acredita-se que é possível avançar mais no debate jurídico acadêmico ao se partir desse ponto de discussão, ainda pouco explorado em sua totalidade pela doutrina.

Ademais da contribuição acadêmica que se pretende com a presente investigação, há também o intuito de fornecer subsídios a práticos do Direito em sua atividade concreta de argumentação e programação de decisões judiciais, sobretudo na atuação defensiva, mas não ignorando a potencial utilidade para a conformação democrática nas frentes de atuação da acusação e do julgamento.

Como se pode perceber, trata-se de um trabalho interdisciplinar, contendo, em sua metodologia, pesquisas doutrinárias tanto do campo da dogmática penal quanto da criminologia e ciências sociais, em sua abordagem do fenômeno do crime e da reação da sociedade a ele. Ao longo do texto, busca-se uma sistematização do conteúdo que trate, com a profundidade adequada ao formato do trabalho, tanto de questões dogmáticas quanto de questões criminológicas, mantendo a perspectiva de que toda discussão que escape ao domínio do Direito Penal serve para enriquecer a discussão dogmática – prioridade nessa investigação – e será concluída com as consequências suportadas na operação prática do instituto da culpabilidade.

Dessa forma, o trabalho se estrutura conforme a ordem a seguir.

Inicialmente faz-se necessário retomar a relevante discussão sobre a necessidade ou não de se trazer influxos de outras ciências para o Direito Penal. No que diz respeito a essa questão, são trazidos à tona argumentos relevantes de autores de referência na Criminologia Crítica, como Vera Regina Pereira de Andrade, Eugénio Raúl Zaffaroni, Alessandro Baratta e, de uma perspectiva europeia mais atual, René Van Swaaningen. Nessa primeira parte pretendi investigar como a prática jurídica pode se beneficiar das palavras do mundo real, se é que deve fazê-lo, a despeito da manutenção da pretensa pureza da ciência jurídica, uma vez que os fenômenos e consequências que circundam o Direito Penal o fazem em diversas frentes além da jurídica.

Apresentados os argumentos pertinentes à interdisciplinaridade pretendida na dissertação, passa-se a uma linha de raciocínio lógico iniciada por um estudo concentrado na culpabilidade penal. Apresenta-se uma breve conceituação do instituto, bem como de sua evolução teórico-histórica, passando, dentre outros autores, por Edmund Mezger, até uma de suas recentes formulações no finalismo de Hans Welzel, expressamente adotado pelo Código Penal brasileiro. Não se limitando à doutrina de Welzel, a investigação também passa por obras atuais como a de Paulo César Busato, além das mais recentes e profícuas pesquisas realizadas por Cláudio Brandão e Leonardo Siqueira acerca do tema.

O capítulo seguinte se aprofunda no estado da arte do estudo da culpabilidade, examinando proposições teóricas posteriores ao finalismo, que criticavam suas bases teóricas ou o modo em que a culpabilidade finalista se via aplicada. Para tanto, a consulta à obra de Claus Roxin será útil para examinar o seu funcionalismo teleológico, comentários à obra de Günther Jakobs são expostos para discutir de seu funcionalismo sistêmico, e Zaffaroni é consultado acerca de seu modelo de culpabilidade pela vulnerabilidade.

Em geral, o tema da culpabilidade por vulnerabilidade é tratado em conjunto com o instituto da coculpabilidade. No entanto, para os fins do presente trabalho, a questão de vulnerabilidade se mostra mais pertinente e próxima do tema da mídia de massa, concentrando-se a investigação apenas nesse ponto, como recorte metodológico.

É também nesse mesmo capítulo que se inicia a discussão interdisciplinar que se estenderá ao longo do trabalho. É importante salientar que Zaffaroni argumenta no sentido do descrédito da pretensão de neutralidade da dogmática penal e sua função como legitimadora de um sistema penal que defende ser, em sua realidade concreta, ilegítimo. No entanto, partindo do pressuposto que o sistema penal segue vigente, bem como todo o ordenamento que o justifica, busca-se a coexistência entre a crítica criminológica trazida pelo autor, suas conclusões, e o estado atual da dogmática penal.

No próximo capítulo será abordada em detalhe – que acredito suficiente para uma pesquisa jurídico-penal – a problemática da mídia de massa, seus efeitos sociais, como opera sua formação de consenso e os efeitos nocivos que gera no debate e na percepção social do fenômeno criminoso. Autores da teoria da mídia, campo interdisciplinar entre comunicação social e ciências sociais terão suas obras comentadas, e as de criminólogos como David Garland também serão importantes para a investigação em comento, além de úteis subsídios de Jock Young e Zaffaroni. Esse último autor dedica grande parte de seu livro *A Palavra dos Mortos* a abordar o que denomina *criminologia midiática*, em diálogo próximo com obras do já citado Garland e do sociólogo Pierre Bourdieu, também consultado para o desenvolvimento do capítulo.

O capítulo de fechamento do trabalho será desenvolvido em uma sucessão de momentos e remissões aos resultados anteriores da pesquisa, em primeiro lugar concatenando os consensos formados pela mídia de massa à criação de situações de vulnerabilidade, com esteio em Zaffaroni. Apresentada a correlação entre temas, será enfrentada, ainda que brevemente, a problemática da decisão judicial, e como explora e perpetua a vulnerabilidade criada antes do processo, embasando-se a discussão em obras específicas de autores como Alexandre Morais da Rosa e Lenio Streck.

Por fim, a título de conclusão, será apresentado um modelo possível de operacionalização da culpabilidade por vulnerabilidade, fundamentado pela constatação, tomada como hipótese de orientação da presente pesquisa, da criação de um estado de vulnerabilidade em desfavor de grupos sociais específicos, e a necessidade – e viabilidade – de equilíbrio entre conceitos pela via de uma dogmática penal de viés democrático e crítico. Apresenta-se, submetendo-o às críticas e ao devido aperfeiçoamento da academia, um modelo teórico de exigibilidade de conduta conforme o direito em conexão próxima com a vulnerabilidade, criminologicamente orientado.

A NECESSÁRIA INTERDISCIPLINARIDADE

"É evidente o legítimo interesse público em que seja dada publicidade da resposta estatal ao fenômeno criminal. Não obstante, é imperioso também ressaltar que o interesse público – além de ser conceito de significação fluida – não coincide com o interesse do público, que é guiado, no mais das vezes, por sentimento de execração pública, praceamento da pessoa humana, condenação sumária e vingança continuada (...)".[2]

2.1 Introdução

O crime é um tema que gera interesse de inúmeras áreas do saber, com distintas abordagens, métodos e pontos de vista. Para a psicologia, o crime pode ser um sintoma de um distúrbio na mente do indivíduo. Na sociologia, o crime pode ter origens em determinado modo de organização da estrutura social ou levar, como consequência, a uma mudança nessa organização. Tantos outros ramos científicos também se ocupam do crime, e até mesmo outras áreas do Direito – que não o penal – também tratam de suas repercussões.

Ao se falar de crime em Direito Penal, necessariamente se está falando de uma conduta humana prevista em lei que, ao lesar um bem jurídico tutelado pela norma penal, merece uma resposta oficial do Estado em forma de pena.

O caminho da estruturação do sistema jurídico-penal como o conhecemos hoje é marcado pelo esforço de diversos filósofos e juristas

---

[2] SUPERIOR TRIBUNAL DE JUSTIÇA. *Recurso Especial nº 1334097/RJ*, 4ª T., Rel. Min. Luís Felipe Salomão, julgado em 28.5.2013.

que cuidaram de cercar esse sistema de princípios e fundamentos racionais. Um ponto de partida marcante dessa tendência foi o Iluminismo, contexto esse de questionamento do poder político absoluto e busca de legitimidade das ações do Estado, em que se inseriram autores como Locke, Hobbes e, de modo mais próximo à área penal, Beccaria.

Toda essa doutrina iluminista serviu como núcleo do trabalho argumentativo de legitimação interna do Direito Penal proposto por Ferrajoli,[3] em seu *Direito e Razão*, ponto esse que será discutido em um tópico posterior.

De outra vertente, não oposta, mas complementar, também teve seu papel na fundação da dogmática penal como a conhecemos hoje o que Andrade[4] denomina de tecnicismo jurídico, coincidindo com a tendência que Carvalho[5] trata por positivismo. Ambos os autores mencionam o papel do tecnicismo e do positivismo para a fundação de uma ciência autônoma do Direito Penal, composta apenas da crítica interna dogmática e imune a valores e qualquer outra interferência de outras ciências em seu método, cuja sofisticação e consolidação enquanto abordagem dogmática atingiram seu ápice com a teoria pura do Direito de Hans Kelsen.

Vera Andrade[6] compila pensamentos de juristas da área penal, inseridos no campo do tecnicismo ou do positivismo puro, que se tornaram notáveis tanto no Brasil quanto no exterior ao longo dos anos. São extraídos excertos de obras clássicas e fundantes das ciências penais, de autores tais como Gimbernat Ordeig, Muñoz Conde e Jescheck e, dentre autores brasileiros, Aníbal Bruno, Heleno Fragoso, Magalhães Noronha, Damásio de Jesus e Júlio Fabbrini Mirabete. Apesar da diversidade de autores pesquisados, todos adotam o ideal tecnicista, defendendo a radical separação entre a ciência penal e outros campos do saber, eliminando as possíveis influências de uma em outra.

Defendendo-se de críticas passadas e de potenciais críticas futuras, Welzel citado por Andrade, discute que desenvolver uma dogmática

---

[3] FERRAJOLI, Luigi. *Direito e razão*: teoria do garantismo penal. 4. ed. São Paulo: Revista dos Tribunais, 2014.

[4] ANDRADE, Vera Regina Pereira de. *Pelas mãos da criminologia*: o controle penal para além da (des)ilusão. Rio de Janeiro: Revan, 2012. p. 89.

[5] CARVALHO, Salo de. Sobre as possibilidades de uma penologia crítica: provocações criminológicas às teorias da pena na era do grande encarceramento. *Revista Polis e Psique*, Porto Alegre, v. 3, n. 3, p. 143-164, 2013.

[6] ANDRADE, Vera Regina Pereira de. *Pelas mãos da criminologia*: o controle penal para além da (des)ilusão. Rio de Janeiro: Revan, 2012. p. 195 e ss.

penal puramente autorreferencial não se trata de fazer "arte pela arte", mas sim, de tratá-la "como firme baluarte contra invasões ideológicas".[7] De fato, a dogmática penal atinge, nos dias atuais, um nível de sofisticação e sistematização metodológica bastante desenvolvido. Não há aspecto da teoria da lei penal, da teoria do crime e da teoria da pena que não esteja acompanhado de uma extensa fundamentação dogmática e que não seja, igualmente, abarcado e lido conforme a principiologia base do Direito Penal, sobretudo a legalidade.

No entanto, o alto nível de evolução que a doutrina penal alcançou no campo do dever-ser não necessariamente tem produzido resultados dos mais eficientes no campo do ser, da realidade concreta. Por esse motivo, os fenômenos do *garantismo prisioneiro* de Vera Andrade,[8] da *ferida narcísica do Direito Penal* de Salo de Carvalho[9] e da *perda de legitimidade do sistema penal* de Zaffaroni,[10] para citar alguns, são amplamente discutidos e adotados como pontos de partida para diversas pesquisas de viés crítico de uma dogmática penal estritamente tecnicista ou positivista. São pontos de partida, inclusive, que inspiraram o presente trabalho.

Nos tópicos a seguir, a crítica criminológica ao tecnicismo dogmático será mais bem apresentada, considerando-se os movimentos reformistas que surgiram ao longo dos anos em resposta a seus efeitos concretos, bem como as perspectivas atuais no sentido do desenvolvimento de uma doutrina crítica que possa surtir efeitos plausíveis na prática.

2.2 Pretensões puristas das ciências criminais: positivismo e tecnicismo jurídicos inseridos na resposta jurídica ao crime

Para compreender as bases fundantes do Direito Penal atual, é necessária uma análise, ainda que breve, dos dois movimentos que

---

[7]   ANDRADE, Vera Regina Pereira de. *Pelas mãos da criminologia*: o controle penal para além da (des)ilusão. Rio de Janeiro: Revan, 2012. p. 195.

[8]   ANDRADE, Vera Regina Pereira de. *Pelas mãos da criminologia*: o controle penal para além da (des)ilusão. Rio de Janeiro: Revan, 2012. p. 195.

[9]   CARVALHO, Salo de. *Antimanual de criminologia*. 4. ed. Rio de Janeiro: Lumen Juris, 2011.

[10] ZAFFARONI, Eugenio Raul. *Em busca das penas perdidas*: a perda da legitimidade do sistema penal. 5. ed. Rio de Janeiro: Revan, 1991.

Andrade[11] aponta como suas matrizes: o Iluminismo liberal (matriz mediata) e o tecnicismo jurídico (matriz imediata).

Em primeiro lugar, o Iluminismo liberal se apresenta como a ideologia que funda a noção política de dignidade da pessoa humana, derivando daí conceitos caros à dogmática atual como a legalidade e o Direito Penal do fato. Beccaria apresenta como uma das ideias iniciais de seu *Dos Delitos e das Penas* o fato de que boas leis são o método ideal para impedir abusos e a concentração injusta de privilégios nas mãos dos poderosos.[12]

Mais adiante, ao discutir a disciplina ideal à tarefa de se provar fatos judicialmente[13] e ao condicionar a moderação da pena e sua proporcionalidade ao delito,[14] Beccaria fundamenta, de modo até hoje replicado na doutrina, como se concretiza um Direito Penal do fato.

Ferrajoli[15] credita ao Iluminismo liberal a virtude de operar a separação entre Direito e moral, que foi passo imprescindível para a formatação de uma base democrática de Direito Penal. Segundo o autor, a separação das espécies de juízo que circundam a norma jurídica e a norma moral, bem como a autonomia e diversidade de funções de ambas, legitima a criação de um direito que não pune cidadãos senão por "fatos, objetiva e convencionalmente, predeterminados, e não por características subjetivas ou por formas ou fatos desviantes não expressamente proibidos pela lei como delitos".[16]

Ainda nessa linha, Ferrajoli destaca a dicotomia substancialismo/formalismo, a qual retoma em diversos pontos de sua argumentação em *Direito e Razão*. O substancialismo, de acordo com o autor,[17] é a tradição jurídica que se deixa permear por valores teológicos, morais e naturalistas, dando ensejo, assim, a interpretações e à perseguição de finalidades alheias à vontade do legislador expressa na lei. Em outras

---

[11] ANDRADE, Vera Regina Pereira de. *Pelas mãos da criminologia*: o controle penal para além da (des)ilusão. Rio de Janeiro: Revan, 2012.

[12] BECCARIA, Cesare. *Dos delitos e das penas*. São Paulo: Martin Claret, 2005.

[13] BECCARIA, Cesare. *Dos delitos e das penas*. São Paulo: Martin Claret, 2005. p. 27-43.

[14] BECCARIA, Cesare. *Dos delitos e das penas*. São Paulo: Martin Claret, 2005. p. 49.

[15] FERRAJOLI, Luigi. *Direito e razão*: teoria do garantismo penal. 4. ed. São Paulo: Revista dos Tribunais, 2014. p. 205.

[16] FERRAJOLI, Luigi. *Direito e razão*: teoria do garantismo penal. 4. ed. São Paulo: Revista dos Tribunais, 2014. p. 207.

[17] FERRAJOLI, Luigi. *Direito e razão*: teoria do garantismo penal. 4. ed. São Paulo: Revista dos Tribunais, 2014. p. 207.

palavras, é compatível com a punição penal de indivíduos por seu modo de ser.

O formalismo, por outro lado, encontra na norma legal o fundamento de segurança jurídica do indivíduo, com a subordinação irrestrita das autoridades ao comando da norma (legalidade), e a própria formação da norma subordinada a outras normas e procedimentos estabelecidos democraticamente,[18] o que atualmente a Constituição da República toma para si como papel fundamental ao tratar da função legislativa.

Um último aspecto a se analisar nesse momento acerca da doutrina de Ferrajoli, tributária ao Iluminismo liberal e paradigmática no sistema penal atual, é o papel central que a legalidade possui no sistema garantista. De acordo com o autor, a legalidade se apresenta em suas formas ampla (ou mera legalidade) e estrita, sendo a primeira o simples reconhecimento formal da validade e aplicação direta de uma norma, e a segunda o condicionamento e a influência na produção da norma e sua aplicação aos demais princípios que fundam o sistema garantista.[19]

É dizer, a punição será válida apenas quando respeitar a uma lei penal, quando essa lei penal for necessária, quando a necessidade derivar de uma lesão, essa lesão derivar de uma ação ou omissão (não de um modo de ser ou traço de personalidade, por exemplo), essa ação for praticada com culpa (amplamente considerada), essa culpa for apurada em juízo, a apuração se der por meio de uma acusação formal, provas e ampla defesa. Essa é a síntese do sistema garantista de Ferrajoli, consolidado na doutrina e na prática penal, diretamente inspirado nos preceitos do Iluminismo liberal e defendido pelo autor ao longo de seu *Direito e Razão*.

Ferrajoli apresenta sua discussão em um contexto em que o positivismo jurídico e o Iluminismo liberal já haviam sido adotados como um conjunto único de ideias. No entanto, a convergência entre eles ocorreu em um momento específico, anterior a essas formulações. Em outras palavras, o Iluminismo liberal precedeu o positivismo jurídico e foi posteriormente complementado por esse como forma de conferir maior rigor científico ao sistema penal iluminista que então se formava. Nesse ponto se chega ao núcleo do presente tópico.

---

[18] FERRAJOLI, Luigi. *Direito e razão*: teoria do garantismo penal. 4. ed. São Paulo: Revista dos Tribunais, 2014. p. 207.

[19] FERRAJOLI, Luigi. *Direito e razão*: teoria do garantismo penal. 4. ed. São Paulo: Revista dos Tribunais, 2014. p. 93 e 348.

O positivismo, considerado em sentido amplo e não juridicamente, nos remete ao pensamento de Augusto Comte, que, segundo Bittar,[20] reduz o esforço científico a um método de observação da relação entre fatos determinados, e não a uma supostamente impossível investigação de suas causas imanentes, buscando, por esse método, o conhecimento científico verdadeiro. Em acréscimo a esse entendimento, Morrison[21] cita o pensamento de John Austin, precursor do positivismo jurídico, que buscou delinear o estudo do direito como ciência, cercado de um método e clareza conceitual próprios, analisáveis independentemente de um contexto maior, ou seja, de dados ou métodos advindos de outras ciências.

Portanto, se mostra como característica marcante do positivismo a pretensão de cientificidade, condicionante de uma conclusão verdadeira, bem como o isolamento conceitual e metodológico de cada ciência das demais, conservando-se a pureza de seus elementos.

Foi diante desse paradigma, por exemplo, que ganhou relevância outro positivismo: o criminológico que, em meados do século XIX, buscando afastar a prevalência do livre arbítrio na doutrina criminológica da época, sob o pretexto de buscar cientificamente as causas do delito, reduziu essa análise ao campo médico, sendo adotado um método científico de análise física de delinquentes e apontamento de características corporais associadas à prática de determinados crimes.[22] Como aponta Vera Malaguti Batista,[23] a consolidação desse positivismo teve como consequência a época que se denomina *Grande Internação*, com a atenção do sistema penal voltada quase que exclusivamente ao correcionalismo, adoção maciça de medidas de segurança e criação de estabelecimentos totais de reabilitação moral de criminosos.

Enquanto matriz fundante da dogmática penal desenvolvida nos dias atuais, o positivismo jurídico e, mais especificamente, o tecnicismo, conforme apontado por Andrade,[24] teve também sua própria ramificação e posterior evolução.

---

[20] BITTAR, Eduardo. *Curso de Filosofia do Direito*. 4. ed. São Paulo: Atlas, 2005. p. 328.

[21] MORRISON, Wayne. *Filosofia do Direito*: dos gregos ao pós-modernismo. São Paulo: Martins Fontes, 2006. p. 260.

[22] BARATTA, Alessandro. *Criminologia crítica e crítica do Direito Penal*: introdução à sociologia do Direito Penal. 6. ed. Rio de Janeiro: Revan, 2011. p. 38.

[23] MALAGUTI BATISTA, Vera. *Introdução crítica à criminologia brasileira*. 2. ed. Rio de Janeiro: Revan, 2012. p. 45.

[24] ANDRADE, Vera Regina Pereira de. *Pelas mãos da criminologia*: o controle penal para além da (des)ilusão. Rio de Janeiro: Revan, 2012. p. 189.

Vera Andrade[25] situa o marco inicial do positivismo jurídico-penal e, conjuntamente, da dogmática penal, na doutrina de Karl Binding, a partir de 1870. A autora, analisando o pensamento de Binding, constata ser ele o "primeiro grande representante do positivismo jurídico", pretendendo fundar um positivismo jurídico-penal a partir de ideais liberais e livre de "influências jusnaturalistas e sociológicas".[26]

Em posição inicial oposta à de Binding, a Escola Sociológica[27] ou Social alemã,[28] simbolizada sobretudo pela obra de Franz Von Liszt, pretendia uma visão mais global do Direito Penal, não apenas no sentido de propor uma coordenação próxima de finalidades e métodos com a política criminal,[29] mas também ao postular uma dogmática que se abrisse à sociologia, investigasse as causas sociais do crime e os recursos possíveis para evitá-lo.[30]

Andrade[31] argumenta que o modelo sociológico alemão concilia, por um lado, as exigências dogmáticas de um método seguro que visava libertar o direito de ideologias arbitrárias, e por outro, a avaliação científico-sociológica da realidade, buscando-se a fundação de uma legislação penal coerente com situações sociais reais e uma política criminal baseada em dados naturais e efeitos concretos, analisados conforme método próprio.

No entanto, Vera Andrade[32] aponta que a matriz positivista que de fato exerceu e exerce influências até hoje em nossa dogmática penal é a Escola Técnico-Jurídica de Arturo Rocco, ou tecnicismo jurídico. Superando a doutrina de Von Liszt, Rocco, em seu *Il Problema e il*

---

[25] ANDRADE, Vera Regina Pereira de. *Pelas mãos da criminologia*: o controle penal para além da (des)ilusão. Rio de Janeiro: Revan, 2012. p. 190.

[26] ANDRADE, Vera Regina Pereira de. *Pelas mãos da criminologia*: o controle penal para além da (des)ilusão. Rio de Janeiro: Revan, 2012. p. 190.

[27] ANDRADE, Vera Regina Pereira de. *Pelas mãos da criminologia*: o controle penal para além da (des)ilusão. Rio de Janeiro: Revan, 2012. p. 191.

[28] BARATTA, Alessandro. *Criminologia crítica e crítica do Direito Penal*: introdução à sociologia do Direito Penal. 6. ed. Rio de Janeiro: Revan, 2011. p. 32.

[29] VON LIZST, Franz. *Direito Penal Alemão – Tomo I*. (Trad. da última edição e comentado pelo Dr. José Hygino Duarte Pereira). Rio de Janeiro: F. Briguiet & C. Editores 16 e 18, 1899. p. XXXIII.

[30] VON LIZST, Franz. *Direito Penal Alemão – Tomo I*. (Trad. da última edição e comentado pelo Dr. José Hygino Duarte Pereira). Rio de Janeiro: F. Briguiet & C. Editores 16 e 18, 1899. p. 104 e ss.

[31] ANDRADE, Vera Regina Pereira de. *Pelas mãos da criminologia*: o controle penal para além da (des)ilusão. Rio de Janeiro: Revan, 2012. p. 191.

[32] ANDRADE, Vera Regina Pereira de. *Pelas mãos da criminologia*: o controle penal para além da (des)ilusão. Rio de Janeiro: Revan, 2012. p. 191.

metodo della scienza del diritto penale, atingiu seu ápice de sofisticação metodológica, desde o ponto de vista do positivismo jurídico. Segundo análise feita por Andrade[33] acerca da obra do autor, a grande preocupação do italiano era a ausência de delimitação de um método, objeto, tarefa e função por parte das ciências criminais, o que, diante das pretensões puristas do positivismo jurídico, buscou modelar em sua obra.

Conforme aponta Andrade,[34] Rocco reduziu, como demanda o método positivista, o objeto do Direito Penal ao estudo exclusivo da norma jurídico-penal, buscando-se abstrair qualquer pretensão naturalista ou sociológica de sua interpretação. A investigação jurídico-penal, nesse sentido, teria como função unicamente o auxílio aos práticos do Direito, proporcionando-lhes conhecimento científico acerca da lei.[35] Sendo assim, conforme preceitua Rocco, qualquer outro objeto de investigação que não fosse estritamente a norma penal, investigação essa com o estrito fim de subsidiar a prática jurídica, não deveria ter lugar no método penal, mas sim, no de outros campos como a política criminal e a criminologia.

Nesse modelo, apontam Zaffaroni, Alagia e Slokar,[36] que a criminologia se via subordinada às categorias da dogmática penal em sua análise, pretensamente deixando de lado o poder punitivo como objeto de análise, e permitindo que esse se mantivesse em funcionamento pela via de sua legitimação interna.

Conforme já mencionado na introdução deste capítulo, a doutrina penal brasileira recepcionou o tecnicismo jurídico ao delimitar o objeto e as finalidades do Direito Penal. Conforme levantamento de Andrade,[37] autores consagrados da dogmática penal brasileira como Aníbal Bruno, Nelson Hungria, Heleno Fragoso, dentre outros, contribuíram para a consolidação, no Brasil, de uma doutrina penal autorreferencial, de estudo de normas penais a partir de um ponto de vista técnico-jurídico e abstrato.

---

[33] ANDRADE, Vera Regina Pereira de. *Pelas mãos da criminologia*: o controle penal para além da (des)ilusão. Rio de Janeiro: Revan, 2012. p. 192.

[34] ANDRADE, Vera Regina Pereira de. *Pelas mãos da criminologia*: o controle penal para além da (des)ilusão. Rio de Janeiro: Revan, 2012. p. 193.

[35] ANDRADE, Vera Regina Pereira de. *Pelas mãos da criminologia*: o controle penal para além da (des)ilusão. Rio de Janeiro: Revan, 2012. p. 194.

[36] ALAGIA, Alejandro; SLOKAR, Alejandro; ZAFFARONI, Eugenio Raúl. *Derecho penal*: parte general. 2. ed. Buenos Aires: Ediar, 2002. p. 164.

[37] ANDRADE, Vera Regina Pereira de. *Pelas mãos da criminologia*: o controle penal para além da (des)ilusão. Rio de Janeiro: Revan, 2012. p. 197.

De acordo com esse modelo de delimitação clara de funções entre campos do saber, deveria a criminologia se ocupar do estudo das causas (médicas ou sociológicas, a depender das ondas doutrinárias que atingiram a disciplina) para o cometimento de crimes, a política criminal de todo o movimento legislativo e administrativo que objetivasse o controle do crime, e o Direito Penal a aplicação, o mais científica possível, das normas concernentes à resposta estatal ao crime. O Direito Penal, portanto, seria um dos componentes da política criminal, tornando concretos seus programas por meio da pena. Nesse sentido, Nilo Batista faz suas as palavras de Von Liszt ao afirmar que "o direito penal é a barreira infranqueável da política criminal".[38]

Nesse sentido, vale fazer referência, a seguir, a algumas das tendências de política criminal que predominaram, sobretudo no Brasil, ao longo do século XX, de modo a analisar qual foi o papel do Direito Penal nelas. Posteriormente, diante de todas essas informações, se buscará estabelecer uma crítica ao papel autorreferencial pugnado pelo método jurídico-penal que, a pretexto de aplicar um método científico puro, legitimou práticas autoritárias ao longo dos anos, demonstrando a necessidade de se buscar subsídios em razões outras que não as jurídicas, para concretizar objetivos mais dignos e democráticos na atuação do sistema penal.

2.3 Defesa social; lei e ordem

Com o estabelecimento do papel de cada uma das vertentes das ciências criminais enxergadas desde o marco tecnicista que fundamentou o desenvolvimento do Direito Penal atual, para que prossigamos na discussão faz-se necessária uma breve análise de algumas das tendências de política criminal que animaram esse ramo do direito.

É dizer, como o Direito Penal passou a ser (e ainda é, majoritariamente) um dos braços da política criminal, pesquisar as tendências dessa política é pesquisar, em última instância, a que fim se prestou o Direito Penal durante esses movimentos, para além da finalidade tecnicista – não em sentido pejorativo, mas para fim de contextualizar a finalidade inserida no marco do tecnicismo jurídico – de prestar

---

[38] BATISTA, Nilo. *Introdução crítica ao Direito penal brasileiro.* 11. ed. Rio de Janeiro: Revan, 2007. p. 36.

subsídios ao prático do Direito na atividade de condenar, absolver e aplicar a pena.

A convergência dos pensamentos iluminista liberal e positivista atingiu, nas ciências penais, sua forma mais completa na formulação da ideologia da defesa social, um conjunto de princípios "justificantes e racionalizantes" tanto do sistema legislativo quanto do sistema dogmático.[39] Em que pese a diversidade entre metodologias empregadas por liberais e por tecnicistas, a defesa social conciliou as posições e se consolidou em uma base principiológica comum, adotada a partir daí pela dogmática como o método legítimo – uma vez que científico e racional – para a resposta do Estado ao crime.[40] Brandão[41] comenta que até mesmo dentro do manto do Direito Penal liberal encontra-se um conjunto heterogêneo de doutrinas, até composto por doutrinas contrastantes entre si, mas com o ideal comum de contenção do poder punitivo. Esse ideal veio a convergir com o tecnicismo na elaboração científica de uma base principiológica elementar da defesa social.

Alessandro Baratta[42] sistematiza o núcleo dessa ideologia em seis princípios, quais sejam: a) legitimidade (do Estado como instância de controle social e do delito); b) bem e mal (a preservação da sociedade é um valor bom e a atitude do delinquente que lesa sua ordem, o mal); c) culpabilidade (como reprovação à atitude interna do indivíduo que descumpre as normas); d) prevenção (como finalidade da pena); e) igualdade (na aplicação e no alcance da lei penal), e; f) interesse social e delito natural (o delito sempre ofende interesses essenciais e valores fundamentais à convivência na sociedade).

Ainda que esses princípios atualmente se vejam, na dogmática penal, atualizados, sobretudo pelo alto grau de desenvolvimento de algumas de suas categorias,[43] as diretrizes em questão seguem sendo

---

[39] BARATTA, Alessandro. *Criminologia crítica e crítica do Direito Penal*: introdução à sociologia do Direito Penal. 6. ed. Rio de Janeiro: Revan, 2011. p. 43.

[40] CARVALHO, Salo de. *A política criminal de drogas no Brasil (Estudo criminológico e dogmático da Lei nº 11.343/06)*. 5. ed. amp. e atual. Rio de Janeiro: Lumen Juris, 2010. p. 31.

[41] BRANDÃO, Cláudio. Culpabilidade: sua análise na dogmática e no direito penal brasileiro. *Revista dos Tribunais Online*, Ciências Penais, v. 1, jul. 2004. p. 5.

[42] BARATTA, Alessandro. *Criminologia crítica e crítica do Direito Penal*: introdução à sociologia do Direito Penal. 6. ed. Rio de Janeiro: Revan, 2011. p. 42.

[43] Cite-se, por exemplo, o estado da arte da teoria do bem jurídico-penal explorado por Yuri Corrêa da Luz em seu *Entre bens jurídicos e deveres normativos*, e da base teórica da criminalidade de empresa sintetizada por Roberto Robles Planas em seu *Estudos de dogmática jurídico-penal*. (LUZ, Yuri Corrêa da. *Entre bens jurídicos e deveres normativos*: um estudo sobre os fundamentos do Direito Penal contemporâneo. São Paulo: IBCCRIM, 2013; PLANAS,

um importante *template*, um modelo de onde parte a lei penal e as proposições dogmáticas positivistas, bem como os paradigmas de política criminal que se desenvolveram mais adiante, historicamente. Saliente-se, conforme Baratta[44] aponta, que o nascimento da ideologia da defesa social é contemporâneo à revolução burguesa do século XIX, de conotação marcadamente liberal. Sendo assim, o modelo atravessou o tumultuoso século XX, com seus pontos altos e baixos de legitimidade democrática no mundo ocidental, além de, certamente, ter sofrido influências de alguns dos movimentos políticos dominantes e gerado outros modelos derivados.

Como o presente trabalho não visa a reconstruir com minúcias os movimentos da política criminal ao longo dos anos, deve-se considerar que a ideologia da defesa social se manteve dominante até os dias atuais, em seu núcleo, como a doutrina racionalizadora oficial do poder punitivo, inclusive e especialmente, em sua faceta de Direito Penal.

Nessa linha, o próximo movimento digno de análise, não apenas derivado da defesa social, mas comumente adotado em conjunto com sua principiologia, é o movimento da lei e ordem.

David Garland[45] descreve uma transição no ideal político dominante no ocidente que se operou entre as décadas de 70 e 80, liderada pela Inglaterra e pelos Estados Unidos. Segundo o autor,[46] durante essa época se desenvolveu um fenômeno de disseminação em massa de propostas políticas socialmente conservadoras em resposta ao que Young[47] denomina de *crise etiológica* na criminologia: a constatação empírica de que, ao contrário da hipótese criminológica até então vigente, políticas sociais assistencialistas peculiares ao *welfare state* não estavam contribuindo com um decréscimo observável no índice de crimes, que continuava ascendente.

A resposta política que se pretendeu, e efetivamente se desenvolveu nos anos seguintes, veio na forma de campanhas eleitorais

---

Roberto Robles. *Estudos de dogmática jurídico-penal*: fundamentos, teoria do delito e Direito penal econômico. 2. ed. Belo Horizonte: D'Plácido Editora, 2016).

[44] BARATTA, Alessandro. *Criminologia crítica e crítica do Direito Penal*: introdução à sociologia do Direito Penal. 6. ed. Rio de Janeiro: Revan, 2011. p. 41.

[45] GARLAND, David. *The culture of control*: crime and social order in contemporary society. Chicago: The University of Chicago Press, 2001.

[46] GARLAND, David. *The culture of control*: crime and social order in contemporary society. Chicago: The University of Chicago Press, 2001. p. 97.

[47] YOUNG, Jock. El fracaso de la criminología: la necesidad de um realismo radical. *In*: *Criminologia crítica y control social 1*: el poder punitivo. Rosario: Editorial Juris, 1993. p. 6.

repletas de ideais conservadores e individualistas, fortalecendo as fronteiras entre o cidadão decente e o criminoso pobre.[48] A adesão popular a essa espécie de argumento é claramente demonstrada com a chegada ao poder de Ronald Reagan e Margaret Thatcher, ambos símbolos da virada conservadora dos países anglo-saxões, inegáveis centros irradiadores de cultura e tendências políticas, ao longo das décadas de 70 e 80.

Conforme Garland e Young descrevem, essa mudança no paradigma político se fez acompanhar da introjeção na consciência popular – com ampla participação da mídia de massa – de um descrédito a políticas criminais de viés socialdemocrata, voltadas a um tratamento mais humano e reformador do criminoso.[49] Ao longo dos anos, desenvolveu-se um processo de formação coletiva de consenso, constatado por Garland,[50] de que os organismos da política criminal em vigor seriam lenientes demais com o delinquente e despreocupados com a promoção da segurança pública. A vítima, supostamente excluída da equação, passa a ter sua palavra explorada como uma mercadoria lucrativa pelas plataformas políticas e meios de comunicação.

O enaltecimento de políticas públicas de controle do crime mais severas deu azo a um movimento político bem sucedido – no sentido de sua consolidação no senso comum político ocidental, não necessariamente na redução efetiva da criminalidade – denominado movimento da lei e ordem, ou *law and order*.

Contextualizado o ambiente político e social em que o movimento em questão foi imaginado e implementado, é possível descrevê-lo com maior clareza. Ao introduzirem sua obra "What's to be done about law and order?" em que John Lea e Jock Young[51] traçam os contornos de um projeto de política criminal alternativo ao paradigma da lei e ordem, os autores apresentam um panorama das bases em que se funda o movimento.

Em síntese, a política criminal de lei e ordem se funda na base do delinquente como um indivíduo racional, levado a delinquir não por

---

[48] GARLAND, David. *The culture of control*: crime and social order in contemporary society. Chicago: The University of Chicago Press, 2001. p. 97.

[49] YOUNG, Jock. El fracaso de la criminologia: la necesidad de um realismo radical. *In*: *Criminologia crítica y control social 1*: el poder punitivo. Rosario: Editorial Juris, 1993. p. 13.

[50] GARLAND, David. *The culture of control*: crime and social order in contemporary society. Chicago: The University of Chicago Press, 2001. p. 108 e 143.

[51] LEA, John; YOUNG, Jock. ¿*Que hacer con la ley y el orden?* Buenos Aires: Editores del Puerto, 2001. p. 1.

conta de fatores sociais desfavoráveis, mas por uma conduta interna imoral, que o leva à escolha bem informada de cometer o crime – posição central da responsabilidade individual. Em resposta à conduta criminosa desse indivíduo, o Estado deveria abandonar o seu propósito reabilitador e impor uma pena de caráter exclusivamente repressivo (neutralizante) e preventivo de futuros delitos.[52]

Diante da assunção da ideologia da lei e ordem, os Estados Unidos – e, não muito depois, grande parte dos países sob sua influência política e cultural – puseram em movimento a resposta político-criminal à delinquência na forma de leis penais mais severas e flexibilização de garantias processuais.[53] Formou-se, assim, uma estrutura jurídico-penal maximalista capaz de instrumentalizar a política criminal severa erigida pelo paradigma da lei e ordem, o que, no contexto da repressão penal às drogas, por exemplo, como abordado por Salo de Carvalho na obra referida neste parágrafo, leva as agências do poder punitivo a um estado constante de guerra contra os inimigos materializados na forma de delinquentes.

As ideias de livre arbítrio e de ator racional, nucleares na doutrina criminológica da lei e ordem, serão abordadas em capítulo posterior, em que me concentro especificamente nessa discussão. A importância dessa abordagem se apresenta no fato de que, em que pese a antecedência histórica da doutrina finalista de crime e, especificamente, de culpabilidade, construída na obra de Hans Welzel, em relação ao movimento da lei e ordem, é necessário que se analise os argumentos de política criminal que sobrevieram e renovaram a legitimação da doutrina de Welzel. Esses argumentos, como se perceberá no momento oportuno, se veem permeados atualmente pela ideologia da defesa social, atualizada pelos ideais mais agressivos do movimento da lei e ordem.

O movimento da lei e ordem, portanto, serviu de matriz de interpretação da principiologia da defesa social, tornando-a adequada para aplicação na sociedade atual, com suas demandas por controle penal mais severo. Os princípios descritos por Baratta[54] como definidores da defesa social, a partir da ótica da lei e ordem, podem ser lidos da

---

[52] LEA, John; YOUNG, Jock. ¿Que hacer con la ley y el orden? Buenos Aires: Editores del Puerto, 2001. p. 1.

[53] CARVALHO, Salo de. A política criminal de drogas no Brasil (Estudo criminológico e dogmático da Lei nº 11.343/06). 5. ed. amp. e atual. Rio de Janeiro: Lumen Juris, 2010. p. 39.

[54] BARATTA, Alessandro. Criminologia crítica e crítica do Direito Penal: introdução à sociologia do Direito Penal. 6. ed. Rio de Janeiro: Revan, 2011. p. 42.

seguinte forma: a) *legitimidade* do Estado para a proteção de vítimas e neutralização de criminosos antissociais; b) bem e mal, no sentido de que o delinquente é um agente racional (mal) que lesa individualmente suas vítimas (bem), e que, consideradas essas lesões em conjunto, justificam um sentimento generalizado de insegurança na sociedade; c) *culpabilidade* no sentido da reprovação da atitude interna antissocial e do cálculo de custo-benefício que levou o delinquente a concluir ser mais vantajosa para si a prática do delito; d) *prevenção* como finalidade de coação moral da pena e de políticas públicas de fiscalização; e) *igualdade* no alcance do sistema penal a qualquer indivíduo que pratique uma conduta delitiva, e; f) *interesse social e delito natural* como a lesão à moralidade dominante e conservadora provocada pelo delinquente, a ser respondida com uma pena severa correspondente.

Durante esse contexto histórico, a criminologia crítica, enquanto instância de defesa dos direitos individuais, se manteve presente nas discussões, buscando deslegitimar discursivamente[55] as pretensões antidemocráticas que os grupos conservadores acabaram por transformar na política criminal dominante. No tópico a seguir será apresentado um paralelo dos principais ideais desenvolvidos por criminólogos críticos ao longo do período de desenvolvimento e consolidação da defesa social e lei e ordem enquanto bases principiológicas majoritárias na política criminal ocidental.

2.4 Criminologia crítica, crítica ao sistema punitivo e crise

Como campo do saber voltado ao estudo das causas do delito e oferecimento de subsídios para a política criminal e a dogmática penal, a criminologia possui raízes remotas, que a doutrina[56] remete ao positivismo do século XIX como seu contexto de origem. Tendo sido apropriada pela medicina, psicanálise e sociologia ao longo do final

---

[55] Apenas discursivamente, no entanto, já que na realidade política do Brasil a defesa social aglutinada a preceitos de lei e ordem continua plenamente vigente na administração da justiça e nos discursos políticos.

[56] Exemplos são as obras de Vera Malaguti Batista, *Introdução Crítica à Criminologia Brasileira* (MALAGUTI BATISTA, Vera. *Introdução crítica à criminologia brasileira*. 2. ed. Rio de Janeiro: Revan, 2012. p. 41) e de Alessandro Baratta, *Criminologia Crítica e crítica do Direito Penal* (BARATTA, Alessandro. *Criminologia crítica e crítica do Direito Penal*: introdução à sociologia do Direito Penal. 6. ed. Rio de Janeiro: Revan, 2011. p. 29).

do século XIX e primeira metade do século XX, a criminologia passa a ser de interesse real ao estudioso do Direito Penal quando se torna de viés crítico.

Isso porque, conforme demonstra Baratta[57] nos capítulos I a VI de sua consagrada obra *Criminologia Crítica e Crítica do Direito Penal*, o saber criminológico dos países centrais, como Estados Unidos e Inglaterra, se propunha quase que exclusivamente a examinar as possíveis causas da delinquência e alimentar suas conclusões aos mecanismos oficiais de controle do crime. A produção acadêmica quanto a esses temas foi prolífica, originando e consolidando, mais notadamente, as teorias criminológicas da anomia de Robert Merton, das subculturas criminais de Sutherland e Cohen, e das técnicas de neutralização de Sykes e Matza.

Essa tendência meramente explicativa das causas do crime, conforme aponta Anitua,[58] foi duramente objetada no contexto de revoltas sociais dos anos 60, inicialmente, como movimento organizado pelos acadêmicos da universidade de Berkeley, na Califórnia. A instituição serviu de berço para grupos de pressão progressistas, voltados à promoção dos direitos humanos. Uma de suas principais pautas foi a inclusão de classes sociais até então discriminadas e tratadas pelos órgãos oficiais como naturalmente (inevitavelmente) desviantes.[59]

Outra matriz importante para o surgimento do pensamento crítico na criminologia foi a produção intelectual gestada dentro do contexto da *Escola de Frankfurt*, que coincide em período histórico com o movimento americano. Essa escola teve sua importância justificada na consolidação do raciocínio acadêmico crítico quanto às formas de organização do poder e, consequentemente, quanto ao controle penal de classes subalternas, apesar de, como apontam Anitua[60] e Swaaningen,[61] apresentar certa desorganização metodológica ao unificar propostas e conclusões derivadas de posições teóricas distintas como o interacionismo simbólico, o materialismo e o estruturalismo. No

---

[57] BARATTA, Alessandro. *Criminologia crítica e crítica do Direito Penal*: introdução à sociologia do Direito Penal. 6. ed. Rio de Janeiro: Revan, 2011.

[58] ANITUA, Gabriel Ignacio. *Historia de los pensamientos criminológicos*. Buenos Aires: Editores del Puerto, 2005. p. 409.

[59] SWAANINGEN, René Van. *Perspectivas europeas para una criminología crítica*. Buenos Aires: B de F, 2011. p. 4.

[60] ANITUA, Gabriel Ignacio. *Historia de los pensamientos criminológicos*. Buenos Aires: Editores del Puerto, 2005. p. 407.

[61] SWAANINGEN, René Van. *Perspectivas europeas para una criminología crítica*. Buenos Aires: B de F, 2011. p. 5.

entanto, a unidade do objeto de crítica voltada ao Estado influenciou, ainda que indiretamente,[62] a produção criminológica e sociológica crítica subsequente.

Em termos de teorias criminológicas, propriamente, pode-se dizer que a criminologia se tornou crítica com o advento do *labelling approach*, cuja obra paradigma é o livro *Outsiders* de Howard S. Becker. O autor argumenta e demonstra, empiricamente, que grande parte das condutas que o penalismo acadêmico e a prática cotidiana consideram ontologicamente como crimes ou desvios, na realidade não produzem a lesão ou merecem a dura resposta penal que os órgãos oficiais de controle pretendem conferir e de fato conferem a eles.[63]

Desde uma perspectiva sociológica, Becker[64] argumenta, em síntese, que os diversos grupos sociais que compõem o todo da sociedade produzem, por meio de seus processos próprios, regras de conduta internas. Por outro lado, alguns grupos ideologicamente majoritários, pela influência que possuem na dicção dos rumos que os órgãos do Estado tomam, acabam por tornar suas regras instituições universais e, por meio do aparato estatal, impô-las ao público em geral: são os grupos que Becker[65] denomina *empresários morais*.

Diante dessa constatação, o *labelling approach* passa a voltar sua atenção menos ao indivíduo criminoso (causas do desvio) e mais à reação social ao desvio. Passam a ser objeto de estudo a imposição de penas, as abordagens policiais e até mesmo a produção legislativa que atribui diferentes níveis de gravidade a determinados comportamentos, conforme atentem mais ou menos contra os interesses dos grupos de poder.[66] Em um segundo momento, Becker também trabalha o processo de atribuição do rótulo ao indivíduo vulnerável e as consequências sociais e o estigma que o rótulo carrega acarreta ao sujeito rotulado.

Autores como Taylor, Walton e Young advertem que os teóricos do *labelling approach*, teoria capitaneada por Becker, mas recebida e

---

[62] SWAANINGEN, René Van. *Perspectivas europeas para una criminología crítica*. Buenos Aires: B de F, 2011. p. 5.

[63] BECKER, Howard S. *Outsiders*: estudos de sociologia do desvio. Rio de Janeiro: Zahar, 2008.

[64] BECKER, Howard S. *Outsiders*: estudos de sociologia do desvio. Rio de Janeiro: Zahar, 2008. p. 15-30.

[65] BECKER, Howard S. *Outsiders*: estudos de sociologia do desvio. Rio de Janeiro: Zahar, 2008. p. 153.

[66] E não conforme níveis distintos de gravidade ontológica das lesões, como pretende a dogmática penal positivista/tecnicista, que pretende retirar do objeto da análise das ciências penais a fator político que orienta a produção legislativa penal.

desenvolvida também por autores alemães, correm o risco de cair em um idealismo relativista, ao aparentemente considerarem que o desvio em si não existe de modo algum, sendo produto apenas de construções sociais. Concluem que "[e]n una sociedad sin reglas ni normas no puede haber desviación, porque todo se acepta".[67] Apesar disso, os mesmos autores[68] reconhecem o indispensável avanço promovido pelo enfoque do etiquetamento na crítica criminológica, ao deslocarem o objeto de análise aos aparatos de repressão, sejam eles oficiais ou não, formais ou informais.

Vera Andrade sustenta que a criminologia apenas se tornou crítica a partir dos influxos do materialismo histórico (marxismo) na pesquisa criminológica, investigando-se as "relações de poder e de propriedade em que se estrutura conflitivamente a sociedade capitalista"[69] e sua relação com o sistema penal. Argumenta, citando Alessandro Baratta,[70] que o paradigma da reação social, o *labelling approach*, "não é condição suficiente para qualificar como crítica uma Criminologia", já que supostamente faltaria um elemento mais acentuado de consciência de classe à abordagem do etiquetamento.

O próprio Baratta,[71] em outra obra, reconhece o *labelling approach* como um caminho necessário pelo qual passou a criminologia para se tornar crítica, e não como uma expressão da criminologia crítica, propriamente. O capítulo XII de seu *Criminologia crítica*, simbolicamente, tem o título "*do 'labelling approach' a uma criminologia crítica*", evidenciando como o autor em comento não reconhece o enfoque do etiquetamento como, efetivamente, criminologia crítica.

Zaffaroni diverge e atribui valor maior ao etiquetamento, além de um mero período de transição. Aponta que, a partir do reconhecimento das "brutais disparidades da realidade com o discurso", o *labelling approach* serviu de importante fundamento de avaliação crítica do sistema

---

[67] TAYLOR, Ian; WALTON, Paul; YOUNG, Jock. *La nueva criminología*: contribución a una teoría social de la conducta desviada. Buenos Aires: Amorrortu Editores, 1997. p. 162.

[68] TAYLOR, Ian; WALTON, Paul; YOUNG, Jock. *La nueva criminología*: contribución a una teoría social de la conducta desviada. Buenos Aires: Amorrortu Editores, 1997. p. 161.

[69] ANDRADE, Vera Regina Pereira de. *Pelas mãos da criminologia*: o controle penal para além da (des)ilusão. Rio de Janeiro: Revan, 2012. p. 91.

[70] ANDRADE, Vera Regina Pereira de. *Pelas mãos da criminologia*: o controle penal para além da (des)ilusão. Rio de Janeiro: Revan, 2012. p. 91.

[71] BARATTA, Alessandro. *Criminologia crítica e crítica do Direito Penal*: introdução à sociologia do Direito Penal. 6. ed. Rio de Janeiro: Revan, 2011. p. 159.

penal. Conclui argumentando que "toda criminologia da reação social é, em alguma medida, criminologia crítica".[72]

Conforme demonstram Swaaningen,[73] Anitua[74] e Young,[75] a predominância da matriz materialista como o discurso de base pretensamente oficial da criminologia crítica levou a uma crise nesse campo do saber, com sua consequente perda de credibilidade no cenário político. O vácuo deixado pela expulsão de políticas criminais progressivas do *mainstream*, ocasionado pelo crescente idealismo que as permeava, acaba sendo ocupado por proposições criminológicas e político-criminais autoritárias, sempre mais atraentes no discurso político.

Parte até então predominante dos criminólogos críticos de postura próxima de ideais social-democratas, dentro de um contexto de Estado de bem-estar social, propunham a redução da criminalidade pela via da execução de políticas públicas assistencialistas e inclusivas. Por outro lado, a criminologia administrativa,[76] resposta conservadora à criminologia crítica, abandonava essa pretensão em favor de projetos de enrijecimento penal, que vieram a predominar nas plataformas eleitorais e dar forma aos movimentos de lei e ordem mencionados no tópico anterior.

Segundo Swaaningen,[77] a crise da criminologia crítica se operou em dois aspectos: um analítico ou epistemológico, e outro ideológico.

O aspecto analítico, conforme descrito pelo autor holandês,[78] derivou do que se denomina de *perda de objeto da criminologia crítica*. Enquanto as teorias criminológicas precedentes tinham objetos bem definidos de análise, como a causa dos crimes definidos na lei ou a atuação do poder punitivo para fazer valer essa lei, a criminologia crítica se tornou um espaço de "indignación moral ante la inequidad y

---

[72] ZAFFARONI, Eugenio Raúl. *A palavra dos mortos*: conferências de criminologia cautelar. São Paulo: Saraiva, 2014. p. 188-189.

[73] SWAANINGEN, René Van. *Perspectivas europeas para una criminología crítica*. Buenos Aires: B de F, 2011. p. 7-12.

[74] ANITUA, Gabriel Ignacio. *Historia de los pensamientos criminológicos*. Buenos Aires: Editores del Puerto, 2005. p. 426-431.

[75] YOUNG, Jock. El fracaso de la criminología: la necesidad de un realismo radical. *In*: *Criminología crítica y control social 1*: el poder punitivo. Rosario: Editorial Juris, 1993. p. 16-17.

[76] YOUNG, Jock. El fracaso de la criminología: la necesidad de un realismo radical. *In*: *Criminología crítica y control social 1*: el poder punitivo. Rosario: Editorial Juris, 1993. p. 16.

[77] SWAANINGEN, René Van. *Perspectivas europeas para una criminología crítica*. Buenos Aires: B de F, 2011. p. 7-12.

[78] SWAANINGEN, René Van. *Perspectivas europeas para una criminología crítica*. Buenos Aires: B de F, 2011. p. 7.

la explotación social",[79] desqualificando praticamente qualquer controle exercido pelo Estado como reprodutor dessa desigualdade.

A criminologia crítica latino-americana, originada de um contexto de regimes autoritários a partir dos anos 70, assumiu para si a função de discurso acadêmico oficial de resistência a esse autoritarismo, se unindo e legitimando cientificamente, pela via do discurso jurídico, os movimentos de resistência político-sociais e revolucionários que surgiram nesse contexto.[80] Países como Argentina, México, Brasil e Peru consolidaram em conjunto essa criminologia com objetivos de ruptura, sobretudo com as obras de autores como Rosa del Olmo, Lola Aniyar de Castro e, no Brasil, Nilo Batista.

Pelo seu contexto de surgimento, a criminologia crítica latino-americana sofreu fortemente com o que Novoa Monreal, citado por Anitua,[81] denominou de *desorientação epistemológica* da criminologia crítica, que, ao alargar o alcance de seu campo de estudos a praticamente qualquer fenômeno relativo ao controle político da sociedade, foi incapaz de acumular conhecimento científico suficiente sobre esses fenômenos.[82]

O segundo aspecto da crise da criminologia crítica é o aspecto ideológico, ligado à raiz idealista de esquerda política presente na consolidação do saber criminológico. Na tradição da criminologia crítica, o idealismo é apresentado como uma ideologia mais intimamente ligada aos preceitos da crítica marxista: uma luta de classes que deve, necessariamente, chegar a seu fim com a abolição do sistema político-econômico capitalista e, consequentemente, do sistema penal enquanto instância necessária à sua – o sistema capitalista – manutenção.

A causa do delito, agregando ao aspecto epistemológico da crise, passa a ser atribuída, nesse marco teórico, à injustiça da estrutura social capitalista que leva a classe trabalhadora à pobreza e ao crime. Faz-se a crítica de que essa abordagem acaba por superestimar as motivações do criminoso, inserindo qualquer fenômeno delitivo como concretização do contexto maior de luta de classe, e deixando de considerar que em meio à

---

[79] SWAANINGEN, René Van. *Perspectivas europeas para una criminología crítica*. Buenos Aires: B de F, 2011. p. 8.

[80] ANITUA, Gabriel Ignacio. *Historia de los pensamientos criminológicos*. Buenos Aires: Editores del Puerto, 2005. p. 418.

[81] ANITUA, Gabriel Ignacio. *Historia de los pensamientos criminológicos*. Buenos Aires: Editores del Puerto, 2005. p. 424.

[82] SWAANINGEN, René Van. *Perspectivas europeas para una criminología crítica*. Buenos Aires: B de F, 2011. p. 12.

infinidade de razões pelas quais alguém comete um crime, muitas delas nada têm a ver com a insatisfação com um contexto macroeconômico.[83]

O que torna o aspecto ideológico parte relevante da crise da criminologia crítica não é apenas sua absorção do ideário marxista, mas a queda concreta das narrativas revolucionárias e socialistas no ocidente ao longo das décadas de 70 e 80, inspiradas, em sua origem, pelos princípios marxistas. Swaaningen[84] argumenta que o autoritarismo cada vez mais evidente praticado por regimes de inspiração socialista, como o soviético, o chinês e o cubano, passaram a ser fenômenos de difícil justificação por parte de criminólogos idealistas europeus e americanos.

O mesmo autor,[85] no entanto, não deixa de reconhecer o valor do materialismo como crítica social, embora sua validade como estratégia política real tenha sido plenamente rechaçada pelo discurso político ocidental predominante, dando espaço à incorporação oficial de plataformas políticas conservadoras e movimentos de lei e ordem, já descritos brevemente em momento anterior.

A partir da constatação desse cenário de crise, houve, de certo modo, uma fragmentação do saber criminológico crítico, que, a pretexto de salvar a credibilidade científica da criminologia crítica e sua operabilidade, gerou os marcos teóricos do garantismo penal e do realismo de esquerda, os quais serão examinados brevemente no tópico a seguir.

2.5 Realismo criminológico e reducionismo jurídico-penal

Tanto a doutrina realista na criminologia crítica quanto a doutrina garantista na dogmática penal tiveram sua oportunidade de florescer como propostas de solução à crise da criminologia crítica e da constatação da insuficiência democrática das propostas conservadoras que ganhavam espaço nos Estados Unidos, na Inglaterra e em tantos outros países sob sua influência ao longo dos anos 80.

---

[83] YOUNG, Jock. El fracaso de la criminología: la necesidad de un realismo radical. *In*: *Criminología crítica y control social 1*: el poder punitivo. Rosario: Editorial Juris, 1993. p. 16-20.

[84] SWAANINGEN, René Van. *Perspectivas europeas para una criminología crítica*. Buenos Aires: B de F, 2011. p. 10.

[85] SWAANINGEN, René Van. *Perspectivas europeas para una criminología crítica*. Buenos Aires: B de F, 2011. p. 10.

Apesar de um ponto comum de surgimento, os planos de ação de ambas as doutrinas, bem como os locais de seu desenvolvimento, se diferem.

A criminologia realista tem sua origem na já mencionada obra "What's to be done about law and order?" de John Lea e Jock Young, ambos criminólogos críticos desencantados com o marco idealista. O livro, além de traçar um plano de ação concreto de política criminal democrata, tece críticas às crescentes tendências de lei e ordem que passavam a dominar o cenário político anglo-saxão, bem como ao paradigma idealista. Prosseguem na crítica já iniciada na obra de 1973 "New criminology", de Ian Taylor, Paul Walton e, também, Jock Young,[86] ao comentarem, em tom de homenagem, sobre o teor crítico da obra do criminólogo socialista Willem Bonger.

No entanto, o traço mais relevante da criminologia realista foi a tentativa de estabelecer um diálogo entre o pensamento criminológico e a política, visando a concretizar o plano de ação teoricamente traçado na obra de Lea e Young. Não se nega, assim, a necessidade de se conter os danos reais provocados pela criminalidade, mas propõem os autores, fazê-lo de uma forma que se reduzam as violações de direitos institucionalizadas por políticas criminais de viés autoritário.

A primeira aproximação se deu por meio de um plano traçado em conjunto com o partido trabalhista inglês, liderado pelo então Primeiro Ministro Tony Blair.[87] A proposta realista se diferia da idealista ao constatar o crime como um evento social efetivamente danoso, sobretudo quando a própria classe trabalhadora se vê vítima dele.[88] Também busca se distanciar das propostas conservadoras que tendiam a abusos e à não responsabilização da estrutura social pelo comportamento delitivo, exacerbando a responsabilidade individual do criminoso como autor racional.

Ao não ceder à histeria do clamor popular pelo controle do delito, a proposta realista buscava políticas de controle social mais democráticas,

---

[86] TAYLOR, Ian; WALTON, Paul; YOUNG, Jock. *La nueva criminología*: contribución a una teoría social de la conducta desviada. Buenos Aires: Amorrortu Editores, 1997. p. 251.

[87] ANITUA, Gabriel Ignacio. *Historia de los pensamientos criminológicos*. Buenos Aires: Editores del Puerto, 2005. p. 443.

[88] ANITUA, Gabriel Ignacio. *Historia de los pensamientos criminológicos*. Buenos Aires: Editores del Puerto, 2005. p. 445.

inserindo também como objeto de preocupação a vulnerabilidade das vítimas de crimes.[89]

A recepção na América Latina do realismo de esquerda não foi das mais calorosas, sobretudo em razão do predomínio do idealismo na consciência acadêmica dos criminólogos latino-americanos. Vera Malaguti Batista sintetiza o sentimento criminológico crítico predominante no Brasil, ao reduzir o valor da criminologia realista a um discurso que "colabora com a governamentalização do estado penal", estendendo a crítica aos departamentos de ciências sociais do país, que, motivados pela ideologia realista, também possuiriam sua parcela de responsabilidade na letalidade e mortalidade da polícia nacional.[90] A meu ver, não se trata de uma falha em si do realismo enquanto doutrina, mas de uma promessa não cumprida de incorporá-lo institucionalmente, favorecendo a continuidade de políticas criminais de grave e contínuo recrudescimento, com as quais os políticos que pretendem se eleger são tão apegados.

Conforme discute Anitua, a criminologia crítica latino-americana foi importada e desenvolvida majoritariamente por juristas – ao contrário da vertente predominantemente sociológica dos anglo-saxões – inspirados na tradição iluminista e liberal de enxergar o direito como meio de resistência. Nesse contexto, o movimento de resposta à crise criminológica que teve maior tração entre os estudiosos latinos foi a de matriz jurídica e garantista, ou, nas palavras do autor, "del pensamiento jurídico limitador del poder [...] y los planteos menos utópicos de sus criminólogos y ideólogos".[91]

A tendência minimalista, discute Anitua,[92] foi largamente explorada pelas obras de Baratta, Zaffaroni e Ferrajoli, cada qual com traços mais ou menos idealistas e críticos em sua obra, e diferentes graus de inspiração, constitucional e prática. Em comum a todos os autores se vê a inegável influência na atual tradição dogmática e criminológica latina e brasileira.

---

[89] YOUNG, Jock. El fracaso de la criminología: la necesidad de un realismo radical. *In*: *Criminología crítica y control social 1*: el poder punitivo. Rosario: Editorial Juris, 1993. p. 31.

[90] MALAGUTI BATISTA, Vera. *Introdução crítica à criminologia brasileira*. 2. ed. Rio de Janeiro: Revan, 2012. p. 104.

[91] ANITUA, Gabriel Ignacio. *História de los pensamientos criminológicos*. Buenos Aires: Editores del Puerto, 2005. p. 430.

[92] ANITUA, Gabriel Ignacio. *Historia de los pensamientos criminológicos*. Buenos Aires: Editores del Puerto, 2005. p. 449-461.

O ideal de reaproximar o sistema punitivo em sua dimensão concreta dos ideais do Direito Penal liberal clássico assume diferentes feições nas obras dos três autores mencionados. Conforme argumenta Anitua,[93] Baratta demonstra uma postura positiva em relação ao Direito Penal, enquanto Zaffaroni se mostra ascético e Ferrajoli negativo. Ao examinar a análise de Anitua em conjunto com o núcleo da obra de cada autor, pode-se constatar como essas diferentes posturas se traduzem em termos de distintas propostas teóricas.

Alessandro Baratta, em sua obra *Criminologia crítica e crítica do Direito Penal*, não apenas se ocupa de fazer um apanhado histórico das principais posições que marcaram a construção do saber criminológico ao longo dos séculos XIX e XX, mas dedica os momentos finais do livro para delinear uma proposta de política criminal alternativa, integradora da criminologia crítica e Direito Penal. Essa política alternativa, segundo Baratta,[94] deveria passar, necessariamente, por uma mudança de foco da repressão criminal, conferindo uma posição de dominância às classes subalternas, até então vitimadas amplamente pelo funcionamento do sistema, que passaria – o sistema repressivo – a concentrar sua atuação nos delitos dos poderosos, lesivos à coletividade.

Nas estratégias que Baratta[95] traça, encontram-se as proposições de limitar radicalmente a incidência do Direito Penal como componente mais cruel de uma política criminal; um uso alternativo do Direito Penal tornado mais rigoroso diante dos delitos dos poderosos, e que, por outro lado, leve à flexibilização ou à despenalização da tutela para condutas menos significativas, praticadas pelas classes subalternas; uma redução no papel do cárcere – e sua progressiva abolição – na política criminal, além de sua abertura para a sociedade, visando a reintegração mais eficiente dos eventualmente presos, e; o emprego dos meios de comunicação com o fim de pautar uma opinião pública de reação social ao delito despida do pânico que em geral leva à demanda punitiva exacerbada.

Baratta, portanto, ao assumir mais explicitamente a matriz marxista em sua formulação da criminologia crítica, e a consequente

---

[93] ANITUA, Gabriel Ignacio. *Historia de los pensamientos criminológicos*. Buenos Aires: Editores del Puerto, 2005. p. 451.

[94] BARATTA, Alessandro. *Criminologia crítica e crítica do Direito Penal*: introdução à sociologia do Direito Penal. 6. ed. Rio de Janeiro: Revan, 2011. p. 197 e ss.

[95] BARATTA, Alessandro. *Criminologia crítica e crítica do Direito Penal*: introdução à sociologia do Direito Penal. 6. ed. Rio de Janeiro: Revan, 2011. p. 200-205.

elaboração de uma política criminal alternativa, apresenta as propostas de uma operação democrática do sistema penal do futuro imediato com vistas à sua progressiva contenção e abolição em um futuro mais remoto.[96] É o que Anitua[97] aponta como a confiança em um futuro melhor vista na obra de Baratta, que diferencia seu minimalismo penal daquele de Ferrajoli.

Luigi Ferrajoli, de modo semelhante a Baratta, busca nos princípios limitadores do poder punitivo vindos do iluminismo liberal a fundamentação para o seu trabalho, mas, distintamente daquele, tem como fundamentação mediata não um futuro melhor e utopicamente abolicionista, mas a contenção das violências de um sistema penal que sempre tende ao descontrole se os mecanismos garantidores do Direito não se fazem presentes.[98] Na melhor das hipóteses, o sistema penal do futuro seria um de autocontenção, e não um sistema abolido, diferentemente do que propugna Baratta.

Em seu *Direito e razão*, Ferrajoli traça um caminho argumentativo a partir das indagações "se", "por que", "quando" e "como" punir, proibir e julgar. A partir dessa metodologia, define a base que acaba por formar o sistema garantista, um conjunto principiológico de legitimação de um Direito Penal mínimo, democrático e utilitarista, no sentido da produção de um mínimo de violência em troca de um grau justo de punição e prevenção.

Ao rechaçar a proposta abolicionista, Ferrajoli[99] assume a necessidade da permanência do Direito Penal institucionalizado, tal como existe atualmente, sob pena da queda da civilização em um Estado de natureza e guerra de todos contra todos, tal como formatado pela doutrina de Hobbes, ou de um Estado disciplinar, dominado por "mecanismos ético-pedagógicos de interiorização da ordem", lesando o postulado de separação radical entre direito e moral que predomina ao longo de seu texto.

Diante disso, o autor elabora um modelo legitimador de um sistema penal democrático, sustentado pelos princípios penais e

---

[96] ANDRADE, Vera Regina Pereira de. *Pelas mãos da criminologia*: o controle penal para além da (des)ilusão. Rio de Janeiro: Revan, 2012. p. 266.

[97] ANITUA, Gabriel Ignacio. *História de los pensamientos criminológicos*. Buenos Aires: Editores del Puerto, 2005. p. 454.

[98] ANITUA, Gabriel Ignacio. *Historia de los pensamientos criminológicos*. Buenos Aires: Editores del Puerto, 2005. p. 454.

[99] FERRAJOLI, Luigi. *Direito e razão*: teoria do garantismo penal. 4. ed. São Paulo: Revista dos Tribunais, 2014. p. 234.

processuais da legalidade, culpabilidade, lesividade, acusatoriedade, ampla defesa, dentre outros.[100]

O garantismo penal de Ferrajoli, ao traçar um plano de ação motivado por princípios jurídicos que proporcionam um filtro interpretativo para as normas vigentes, penetrou de maneira eficaz na dogmática penal brasileira. Por não negar a vigência a nenhuma dessas normas e ser de fácil operacionalização – ao menos no plano teórico, desafios da prática à parte – diante das regras de nosso ordenamento, inclusive coincidindo com diversos princípios e garantias constitucionais, o sistema garantista se tornou um dos discursos oficiais de legitimação e contenção de excessos do poder punitivo no Brasil.

Veja-se, por exemplo, o livro *Introdução crítica ao Direito Penal brasileiro* de Nilo Batista, que, ao traçar os princípios-base para um Direito Penal democrático no contexto nacional, em muito se aproxima dos termos da doutrina garantista.

Ferrajoli tem como uma das principais bases de sua obra, como já mencionado, a separação mais radical possível entre o direito e a moral. Critica o que denomina de *substancialismo* penal, uma tendência de deixar ideais éticos, sociológicos e políticos permearem o discurso penal, de modo a seguir um método científico estrito na formulação do modelo democrático que propõe.

É essa a fundamentação que o autor utiliza, por exemplo, para criticar a ideologia da defesa social, que meramente instrumentaliza o Direito Penal para o atendimento de uma plataforma política tendente a excessos punitivos.[101]

Sendo assim, Ferrajoli vê a solução para o desenvolvimento de uma doutrina penal democrática no desenvolvimento de princípios jurídicos e da legitimação interna da dogmática penal.

Já Zaffaroni, de outro lado, em seu *Em busca das penas perdidas*, diverge dessa posição, ao encontrar em argumentos criminológicos importantes subsídios para um diálogo entre a dogmática penal e a realidade que ela produz. Inspirado de certo modo no realismo inglês, o autor inaugurou o marco que denomina *realismo marginal*: uma leitura dos problemas de legitimidade e violência inerentes ao contexto autoritário latino-americano, acompanhado de respostas

---

[100] FERRAJOLI, Luigi. *Direito e razão*: teoria do garantismo penal. 4. ed. São Paulo: Revista dos Tribunais, 2014. p. 91.

[101] FERRAJOLI, Luigi. *Direito e razão*: teoria do garantismo penal. 4. ed. São Paulo: Revista dos Tribunais, 2014. p. 202.

plausíveis para esse contexto, preferencialmente pela via do discurso jurídico (programação de decisões judiciais legítimas) enquanto espaço de resistência.[102]

Eugenio Raúl Zaffaroni, em suas obras, tem por fundamento a perda de legitimidade do sistema penal, argumento que desenvolve no livro mencionado no parágrafo anterior. Na oportunidade, o autor qualifica de genocida a política criminal dominante na América Latina, justificando a afirmação com os altos índices de mortalidade causados pelo Estado, seja por omissões ou pela atuação do sistema penal, no Brasil e na Argentina.[103]

Em obra recente, Zaffaroni demonstra ter mantido, pela duração de sua contribuição à academia, a posição quanto à natureza genocida do sistema penal, afirmando que "[p]odemos pensar o sistema penal como um ambiente propício para massacres".[104]

O primeiro capítulo de seu *Em busca das penas perdidas*[105] traz a fundamentação que leva o autor a falar na deslegitimação do sistema penal. Seu percurso argumentativo inicia pela contestação da ideia de legitimidade do sistema pela mera legalidade, uma vez que a lei permite, em sua concretização via aplicação, espaços de arbitrariedade e violência abarcados pelo manto da legalidade.[106]

Prossegue demonstrando, ainda, que nem a legalidade chega a ser respeitada pelo sistema, que, ao contrário das grandes conquistas dogmáticas, principiológicas e legais em matéria penal, ainda submete sujeitos a processos demorados, a critérios incertos de fixação de penas, a tipos penais excessivamente abertos a dar azo a abusos interpretativos, e a agências executivas que simplesmente atuam à margem da legalidade e tendem a extrapolar suas competências.[107] Como exemplo próximo a ilustrar essa questão, cite-se a resistência dos tribunais em pronunciar nulidades, condicionando o desfazimento do ato à difícil comprovação

---

[102] ZAFFARONI, Eugenio Raul. *Em busca das penas perdidas*: a perda da legitimidade do sistema penal. 5. ed. Rio de Janeiro: Revan, 1991. p. 174.

[103] ZAFFARONI, Eugenio Raul. *Em busca das penas perdidas*: a perda da legitimidade do sistema penal. 5. ed. Rio de Janeiro: Revan, 1991. p. 13.

[104] ZAFFARONI, Eugenio Raúl. *A palavra dos mortos*: conferências de criminologia cautelar. São Paulo: Saraiva, 2014. p. 461.

[105] ZAFFARONI, Eugenio Raul. *Em busca das penas perdidas*: a perda da legitimidade do sistema penal. 5. ed. Rio de Janeiro: Revan, 1991. p. 16-29.

[106] ZAFFARONI, Eugenio Raul. *Em busca das penas perdidas*: a perda da legitimidade do sistema penal. 5. ed. Rio de Janeiro: Revan, 1991. p. 26.

[107] ZAFFARONI, Eugenio Raul. *Em busca das penas perdidas*: a perda da legitimidade do sistema penal. 5. ed. Rio de Janeiro: Revan, 1991. p. 27-28.

de um "prejuízo" e suavizando violações à lei escrita sob o termo da "mera irregularidade".

Zaffaroni acrescenta, ainda, como fundamentos justificantes da deslegitimação do sistema penal, sua aptidão para a provocação de mortes, mascarada pelo discurso jurídico e pela comunicação de massa.[108]

Apesar disso, Zaffaroni não abandona a dogmática penal. Também recusando a solução abolicionista, enxerga no Direito Penal um espaço importante de garantias e limitação do poder punitivo – um dado da realidade que pauta sua atuação independentemente de qualquer parâmetro de legalidade, não apenas a atuação formal das agências de repressão. Diversas obras publicadas no Brasil dão conta de suas contribuições à dogmática, coloridas pelos fundamentos criminológicos para a necessária contenção do poder punitivo.

Por enxergar a relação poder punitivo/Direito Penal do mesmo modo que a relação guerra/Direito Humanitário, Zaffaroni[109] argumenta pela construção de um ideal de retificação radical no discurso jurídico, a fim de voltar sua função exclusivamente para pautar decisões judiciais democráticas e legítimas, considerando o papel argumentativo dos juristas que compõem um processo penal.

Como mencionado, o autor contribui, a partir desse ponto de vista, para a dogmática penal, ao elaborar, no livro em comento, a teoria da culpabilidade por vulnerabilidade; em seu manual em coautoria com José Henrique Pierangeli apresenta também a abordagem da coculpabilidade; no manual em coautoria com Alejandro Alagia e Alejandro Slokar argumenta de uma perspectiva da teoria da pena no sentido de uma concepção agnóstica, desvinculada de fins positivos e apenas limitadora de eventuais excessos estatais.

Essas e outras formulações em termos dogmáticos veem sua importância revigorada no recente *A palavra dos mortos*, em que o autor refina os argumentos criminológicos que servem de base para seu penalismo crítico.

Apresentadas, portanto, as mais importantes facetas do reducionismo penal como resposta à crise da narrativa criminológica crítica e a consequente queda de políticas públicas – especialmente criminais – de viés abertamente democrático e de defesa intransigente dos direitos

---

[108] ZAFFARONI, Eugenio Raul. *Em busca das penas perdidas*: a perda da legitimidade do sistema penal. 5. ed. Rio de Janeiro: Revan, 1991. p. 38.

[109] ZAFFARONI, Eugenio Raul. *Em busca das penas perdidas*: a perda da legitimidade do sistema penal. 5. ed. Rio de Janeiro: Revan, 1991. p. 186.

humanos, pretende-se analisar, no tópico a seguir, os horizontes de atuação possíveis de um minimalismo penal na realidade brasileira atual, concretizando os ideais onipresentes nos autores minimalistas de reduzir as arbitrariedades inerentes ao funcionamento do sistema penal.

2.6 Por um reducionismo crítico: criminodogmática e resgate das promessas garantistas

O presente tópico serve como um fechamento das ideias introdutórias apresentadas até agora, bem como de uma nova justificação para a abordagem dogmática crítica que se adota nesta pesquisa.

Conforme a tradição criminológica crítica já nos demonstrou,[110] a atitude crítica ao sistema punitivo penetrou de maneira mais eficiente, não apenas no Brasil, mas também na América Latina, pela via do discurso jurídico. Propostas realistas de política criminal alternativa não foram vistas como soluções viáveis pelo *mainstream* político alimentado pela demanda punitivista da população[111] e pela insegurança ontológica que fundamenta cotidianamente esse tipo de demanda.[112]

Diante disso, justifica-se a limitação da investigação traçada às possibilidades de renovação e democratização do sistema penal pela via do discurso jurídico diante da problemática da mídia de massa tomada como ponto de partida.

Conforme demonstra Vera Andrade,[113] o garantismo penal (e aqui se pode analisar também toda tendência minimalista de inspiração iluminista liberal) servia a uma promessa de contenção do poder punitivo pela via de sua racionalização. Trata-se de uma pretensão de segurança jurídica, imbuída do ideal nuclear de proteção do indivíduo contra arbitrariedades estatais pela lei. A dogmática, enquanto discurso explicativo da lei, teria como função apresentar os horizontes decisórios possíveis.[114]

---

[110] ANITUA, Gabriel Ignacio. *História de los pensamientos criminológicos*. Buenos Aires: Editores del Puerto, 2005. p. 418.

[111] GARLAND, David. *The culture of control*: crime and social order in contemporary society. Chicago: The University of Chicago Press, 2001. p. 146.

[112] YOUNG, Jock. *The exclusive society*: social exclusion, crime and difference in late modernity. Londres: SAGE Publications, 1999. p. 14.

[113] ANDRADE, Vera Regina Pereira de. *Pelas mãos da criminologia*: o controle penal para além da (des)ilusão. Rio de Janeiro: Revan, 2012. p. 202.

[114] ANDRADE, Vera Regina Pereira de. *Pelas mãos da criminologia*: o controle penal para além da (des)ilusão. Rio de Janeiro: Revan, 2012. p. 202-203.

Apesar disso, a autora demonstra que o discurso dogmático sempre se viu consolidado por ideologias de fundo que colocavam em risco a pretensa pureza desse discurso. Andrade[115] cita, por exemplo, as influências da Revolução Industrial e a consolidação do capitalismo, o patriarcado e o tecnicismo como tendências que contaminaram a dogmática e a distanciaram da busca de seu objetivo inicial declarado, de promoção da dignidade humana pela via da proteção de direitos universais.

Salo de Carvalho[116] argumenta que o sistema punitivo, fundamentado no ideal da defesa social, como empiricamente se verifica, não foi capaz de cumprir seu fim principal de produzir segurança pela via da redução da criminalidade – o que denomina *ferida narcísica do Direito Penal*. Discute, ainda, que a pretensão purista que a dogmática assume quanto a uma estrita separação entre *ser* e *dever-ser*, tal como Ferrajoli propugna, a pretexto da manutenção de um status científico do discurso penal, serve apenas para perpetuar as violências institucionais peculiares ao funcionamento do sistema punitivo,[117] um fator silencioso presente na aplicação das categorias supostamente neutras da dogmática penal.

Ao propor um penalismo crítico formado no âmbito do discurso dogmático, Carvalho[118] contesta o apego da dogmática à *Lei de Hume*, que justamente fundamenta o pretenso status científico da ciência penal ao reservá-la apenas o campo do dever-ser e o discurso normativo na investigação sobre o fenômeno do crime. Assim, a dogmática se vê distanciada de problemas reais ao buscar se aperfeiçoar por meio de uma legitimação interna, autorreferencial, e faz vista grossa aos problemas reais que a atuação do sistema que ela pretende racionalizar efetivamente causam.

Vera Andrade[119] denomina esse fenômeno de *garantismo prisioneiro*: o resultado concreto da dogmática penal que, se recusando a se debruçar sobre violências e injustiças reais, se afasta de sua promessa – *garantismo*

---

[115] ANDRADE, Vera Regina Pereira de. *Pelas mãos da criminologia*: o controle penal para além da (des)ilusão. Rio de Janeiro: Revan, 2012. p. 207.

[116] CARVALHO, Salo de. *Antimanual de criminologia*. 4. ed. Rio de Janeiro: Lumen Juris, 2011. p. 89.

[117] CARVALHO, Salo de. Sobre as possibilidades de uma penologia crítica: provocações criminológicas às teorias da pena na era do grande encarceramento. *Revista Polis e Psique*, Porto Alegre, v. 3, n. 3, p. 143-164, 2013. p. 145.

[118] CARVALHO, Salo de. Sobre as possibilidades de uma penologia crítica: provocações criminológicas às teorias da pena na era do grande encarceramento. *Revista Polis e Psique*, Porto Alegre, v. 3, n. 3, p. 143-164, 2013. p. 145.

[119] ANDRADE, Vera Regina Pereira de. *Pelas mãos da criminologia*: o controle penal para além da (des)ilusão. Rio de Janeiro: Revan, 2012. p. 208.

prometido – de um discurso protetor do indivíduo, para servir como um mero manto de racionalidade a essas violências e injustiças.

Azevedo[120] aponta a sempre presente discrepância existente entre as razões determinantes de uma decisão judicial e seus instrumentos de racionalização. Enquanto uma decisão se demonstra fundamentada em uma interpretação da lei e precedentes (instrumento de racionalização), não raro o fundamento subjacente é completamente dissociado de uma função jurídica, podendo passar por dados políticos, sociais ou até mesmo o reconhecimento profissional.

É basicamente essa uma das linhas traçadas na crítica de Zygmunt Bauman[121] que, ao analisar as condições sócio-políticas que propiciaram o Holocausto na Segunda Guerra Mundial, aponta a burocracia, a desumanização das vítimas e o distanciamento entre o discurso oficial e a realidade concreta de cada uma delas, como algumas das mais relevantes. A racionalização do discurso, de maneira semelhante ao tecnicismo fundamentador de nossa dogmática penal, tende a ignorar as vítimas reais de seu discurso a pretexto de zelar apenas pela integridade científica interna desse discurso.

Vê-se um conhecimento produzido e sofisticado com o fim de dominação, o que, para Swaaningen,[122] pode vir a ser rompido com ideais emancipatórios provenientes de uma crítica baseada na realidade.

Para tanto, é preciso ir além: busca-se aqui uma contribuição dogmática abertamente tendente a interpretações que favoreçam classes subalternas, vulneráveis, as vítimas principais do sistema concreto que a dogmática encobre com seu véu de racionalidade; de Direito Penal do fato, enquanto a realidade demonstra tendências mais fortes de Direito Penal do autor.[123]

É interessante, portanto, utilizar como ponto de partida justamente a espécie de vício ideológico, nas palavras de Carvalho[124] que Ferrajoli

---

[120] AZEVEDO, Rodrigo Ghiringhelli. *Sociologia e justiça penal*: teoria e prática da pesquisa sociocriminológica. Rio de Janeiro: Lumen Juris, 2010. p. 101.

[121] BAUMAN, Zygmunt. *Modernidade e holocausto*. (Trad. Marcus Penchel). Rio de Janeiro: Zahar, 1998. p. 28.

[122] SWAANINGEN, René Van. *Perspectivas europeas para una criminología crítica*. Buenos Aires: B de F, 2011. p. 26.

[123] ANDRADE, Vera Regina Pereira de. *Pelas mãos da criminologia*: o controle penal para além da (des)ilusão. Rio de Janeiro: Revan, 2012. p. 209.

[124] CARVALHO, Salo de. Sobre as possibilidades de uma penologia crítica: provocações criminológicas às teorias da pena na era do grande encarceramento. *Revista Polis e Psique*, Porto Alegre, v. 3, n. 3, p. 143-164, 2013. p. 146.

pretende extirpar de sua obra, para que se chegue a um modelo de dogmática que se proponha a resultados realistas de contenção do poder punitivo e proteção do indivíduo, especialmente aquele pertencente a algum dos estereótipos que o torna vulnerável ao controle penal. O vício ideológico predominante na prática penal (excludente e realçador de vulnerabilidades) passa a ser enxergado e empregado ao avesso, reconhecendo-se as discrepâncias no tratamento do vulnerável e visando ações concretas para a redução dos danos ilegítimos impingidos pelo sistema penal.

Trata-se de trabalhar com uma dogmática reflexiva, não apenas quanto a seus próprios fundamentos, mas também aos resultados que produz, assumindo a posição que Vera Andrade[125] denomina *crimino-dogmática* ou *garantismo criminologicamente fundamentado*, entendendo-se *garantismo* não apenas como o sistema construído na obra de Ferrajoli, mas uma dogmática e prática penais orientadas ao minimalismo e à proteção do indivíduo face à gravidade das sanções que caracterizam esse sistema.

René Van Swaaningen[126] argumenta sobre a importância do que denomina de criminologia comparada, sobretudo quando se trata de uma interlocução entre esse campo e o direito. Segundo o autor, a tendência de separação entre as duas abordagens que acabou levando à crise criminológica deve ser superada em favor de modelos de cooperação que resultem em propostas de reforma. Essa reforma, segundo o autor,[127] pode se dar tanto na frente da política criminal, via elaboração legislativa, quanto no ambiente judiciário, com a resistência caso a caso fundamentada pela interpretação criminológica (garantista, comprometida com direitos humanos) de dispositivos legais.

Há que se ter em vista, concluindo ainda com o pensamento de Swaaningen,[128] que o direito, especialmente com o auxílio da epistemologia garantista, pode se mostrar um espaço privilegiado de resistência e de reforço dos princípios de contenção do poder punitivo, por sua natureza contrafáticos.

---

[125] ANDRADE, Vera Regina Pereira de. *Pelas mãos da criminologia*: o controle penal para além da (des)ilusão. Rio de Janeiro: Revan, 2012. p. 231.

[126] SWAANINGEN, René Van. *Perspectivas europeas para una criminologia crítica*. Buenos Aires: B de F, 2011. p. 27-32.

[127] SWAANINGEN, René Van. *Perspectivas europeas para una criminología crítica*. Buenos Aires: B de F, 2011. p. 29.

[128] SWAANINGEN, René Van. *Perspectivas europeas para una criminología crítica*. Buenos Aires: B de F, 2011. p. 30.

Por todos os motivos elencados, busca-se, no presente trabalho, uma investigação não apenas nas soluções dogmáticas que se apresentam ao problema proposto, mas também em como a criminologia, com sua observação mais próxima dos fenômenos da realidade, pode subsidiar uma ultrapassagem dos limites metodológicos da dogmática para perseguir os fins a que se propõe com maior fidelidade.

CULPABILIDADE: ESTABELECIMENTO DO HORIZONTE DE ESTUDO

3.1 Introdução: por que culpabilidade e qual culpabilidade

O presente capítulo se deterá em um estudo tradicionalmente dogmático do instituto da culpabilidade, visando construir uma fundação para a discussão *criminodogmática* que terá lugar no restante do trabalho. Mas, antes dessa discussão propriamente, deve-se dar um passo atrás, discutindo-se alguns aspectos do instituto e justificando a pertinência de uma análise conjunta com o fenômeno da mídia de massa.

Uma análise superficial da relação entre mídia de massa e sistema penal evidencia duas ordens de consequências práticas: um pânico moral que movimenta a máquina legislativa para a tipificação de novas condutas como crime e aumento de medidas de pena, e, de outro lado, ajuda a pintar um alvo nos inimigos do Estado e do cidadão de bem, voltando a atuação das agências penais à sua repressão por meio da operacionalização dos institutos jurídico-penais.

Enquanto a movimentação da função legislativa pode ser bem abordada com as categorias de estudo da ciência política, das ciências sociais ou até mesmo de um trabalho puramente criminológico, a segunda consequência, atuação concreta do sistema penal, demanda um discurso jurídico que motiva as decisões judiciais – que são o último capítulo na linha do tempo da repressão. E esse discurso, bem como o resultado de sua incorporação na prática, é de interesse para a dogmática.

O estado de vulnerabilidade de grupos marginalizados, que a mídia de massa contribui para construir, tem claras expressões na área processual, seja com a flexibilização de garantias, decisões genéricas que se prestam à proteção de uma ordem pública cujo conceito não poderia ser mais fluido e inalcançável, ou até mesmo o tratamento da parte na audiência: problemas, dentre outros, que Alexandre Morais da Rosa e Salah H. Khaled, por exemplo, abordam em sua coletânea *In dubio pro hell*. No entanto, a dogmática penal, pertencente a um ambiente mais abstrato e conceitual do que a realidade do processo, sofre influências mais sutis do autoritarismo cotidiano do sistema. Essas influências, porém, não são de modo algum menos gravosas.

A categoria da dogmática que é mais perceptivelmente impactada por essa tendência é a culpabilidade. Isso porque as demais, como a tipicidade, a antijuridicidade e todas as suas ramificações se prestam à análise de uma conduta concreta e sua conformação à norma e aos conceitos – predominantemente jurídicos – que ela carrega.

Por outro lado, a culpabilidade, em qualquer de suas acepções, por essência, é um juízo de valor sobre o indivíduo que comete a conduta, atuando como pressuposto da pena e/ou categoria do conceito analítico de crime. Para que essa espécie de juízo não caísse em arbitrariedades ou em tipos de Direito Penal do autor, a dogmática se ocupou em trabalhar detidamente seu conteúdo de modo a afastar de sua aplicação o julgamento desfavorável da pessoa do réu quanto a seus hábitos, modos de vida ou características psicológicas. O tecnicismo que demanda precisão conceitual e purificação de categorias extrajurídicas se une ao postulado liberal de contenção do poder punitivo.

Nesse sentido se enxerga a importância da afirmação de Franz Von Liszt de que "o progresso do Direito Penal é medido pelo aperfeiçoamento da culpabilidade",[129] significando que, quanto mais sofisticada a doutrina da atribuição de responsabilidade e reprovação da conduta do indivíduo, mais bem protegido ele estará contra julgamentos morais e arbitrariedades na gradação da lesão causada por sua conduta.

Na tradição dogmática brasileira, ou até mesmo na tradução de suas categorias à língua portuguesa, a culpabilidade pode denotar diferentes aspectos da reposta jurídica ao crime. Brandão[130] aponta que a culpabilidade pode ser enxergada tanto como um princípio limitador do poder punitivo quanto um elemento da teoria do crime – considerando-se a tripartição da dogmática penal em teoria da lei penal, teoria do crime

---

[129] LISZT, Franz Von *apud* BRANDÃO, Cláudio. Culpabilidade: sua análise na dogmática e no direito penal brasileiro. *Revista dos Tribunais Online*, Ciências Penais, v. 1, jul. 2004. p. 1.

[130] LISZT, Franz Von *apud* BRANDÃO, Cláudio. Culpabilidade: sua análise na dogmática e no direito penal brasileiro. *Revista dos Tribunais Online*, Ciências Penais, v. 1, jul. 2004. p. 1.

e teoria da pena. Bitencourt[131] acrescenta a acepção de circunstância judicial de fixação da pena, e, tomando como ponto de partida essas três posições, Paulo Queiroz[132] ainda soma a culpabilidade como culpa em sentido amplo – dolo/culpa – e do princípio da não culpabilidade, sinônimo do princípio do estado de inocência.

Ao se analisar a relação entre mídia de massa, vulnerabilidade social e efeitos no discurso jurídico, mostram-se de relevo ao debate tanto a culpabilidade enquanto elemento da teoria do crime, quanto como circunstância de aplicação da pena. Isso porque a vulnerabilidade influi na consideração de uma conduta como reprovável, e, da mesma forma, no grau de sua reprovabilidade, influindo na dosimetria da pena.

Em ambos os casos, a análise deve ser delimitada e feita a partir do princípio da culpabilidade, que fornece o núcleo da compreensão da reprovabilidade: um juízo jurídico dirigido à atitude interna do agente ao praticar a conduta, e não um juízo moral de sua pessoa. Esse princípio ocupa um lugar de importância no sistema garantista de Luigi Ferrajoli, enquanto proteção do indivíduo contra julgamentos pessoais, e é materializado e, em tese, limitado, por sua posição no método penal de imputação do delito conformado por seu conceito analítico. Zaffaroni, Alagia e Slokar[133] falam, ainda, na dimensão do princípio da culpabilidade como a exclusão da imputação pela mera causação do resultado.

No capítulo que se segue, propõe-se uma breve revisão histórica das principais posições teóricas que fundamentaram a existência e a forma de abordagem da culpabilidade na dogmática penal ao longo dos anos. Em momento seguinte se prestará à análise da recepção da doutrina da culpabilidade no Brasil, tanto na lei quanto na prática, analisando a posição doutrinária expressa por autores como Leonardo Siqueira, Cláudio Brandão e Juarez Cirino dos Santos a respeito de seu conceito material, e, por fim, serão tecidos alguns comentários sobre as impropriedades cometidas pelo legislador no momento da recepção do conceito no ordenamento nacional.

---

[131] BITENCOURT, Cezar Roberto. *Tratado de Direito penal*: parte geral 1. 15. ed. São Paulo: Saraiva, 2010. p. 385.

[132] QUEIROZ, Paulo. *Curso de Direito penal 1*: parte geral. 9. ed rev., ampl. e atual. Salvador: JusPODIVM, 2013. p. 375.

[133] ALAGIA, Alejandro; SLOKAR, Alejandro; ZAFFARONI, Eugenio Raúl. *Derecho penal*: parte general. 2. ed. Buenos Aires: Ediar, 2002. p. 139.

3.2 Origens remotas e primeiras expressões

Nilo Batista, em seu artigo intitulado *Cem anos de reprovação*, traça o caminho da evolução do instituto da culpabilidade na dogmática penal que veio a influenciar a doutrina brasileira. O autor toma como marco inicial a obra de Reinhard Frank, a qual completava seus cem anos na data da redação do artigo, e credita a Frank o mérito de formar o conceito da culpabilidade no discurso jurídico como reprovação da conduta do sujeito.

Brandão,[134] no entanto, situa o início de sua análise nos principais pressupostos da culpabilidade, que são a consolidação filosófico-teórica da natureza da pessoa humana e sua vontade. Mencionado autor encontra na filosofia cristã da Idade Média, marcada pela obra de Santo Agostinho, o primeiro modelo para uma compreensão da igualdade entre todos os seres humanos e sua semelhante capacidade de exprimirem vontade. Argumenta, ainda, que tal noção não era encontrada nos traços predominantes da filosofia grega, que limitavam a noção de ser humano àquele que participava da vida política da cidade.

Prossegue Brandão,[135] analisando a obra de Santo Agostinho, afirmando a concepção de vontade como a essência de cada ato humano, em busca do que a consciência indica como o melhor caminho. Será livre a vontade quando escolher o bem, e escravizada quando orientar o indivíduo ao mal.

O autor conclui, sobre esse tema, que a formulação sobre a pessoa e a operação de sua vontade foram fontes essenciais para o desenvolvimento posterior da doutrina que considera a culpabilidade como reprovação da vontade da pessoa, considerando-se, ainda, a capacidade dessa pessoa de exprimir sua vontade e, por consequência, de agir livremente.[136]

O valor intrínseco do ser humano e sua intersecção próxima com o Direito Penal veio a tomar uma forma mais bem definida a partir do Iluminismo do século XVIII, responsável por algumas das primeiras formulações do princípio da legalidade no campo penal, conforme se

---

[134] BRANDÃO, Cláudio. Culpabilidade: sua análise na dogmática e no direito penal brasileiro. *Revista dos Tribunais Online*, Ciências Penais, v. 1, jul. 2004. p. 2.

[135] BRANDÃO, Cláudio. Culpabilidade: sua análise na dogmática e no direito penal brasileiro. *Revista dos Tribunais Online*, Ciências Penais, v. 1, jul. 2004. p. 3.

[136] BRANDÃO, Cláudio. Culpabilidade: sua análise na dogmática e no direito penal brasileiro. *Revista dos Tribunais Online*, Ciências Penais, v. 1, jul. 2004. p. 3.

encontra nas obras de Beccaria e Feuerbach. Cada um a seu tempo, os autores iniciaram a elaboração de um modelo de Direito Penal limitador do arbítrio estatal, bem como de um método bem delimitado de subsunção de um caso à interpretação legal que, animado pelo princípio da culpabilidade, garantiria a proporcional aplicação da lei de modo consciente às condições do indivíduo.[137]

Martins Júnior[138] encontra na obra de Beccaria os primeiros sinais de uma *proto-culpabilidade*, em que o autor, ao defender a necessidade da verificação concreta de um crime, bem como dos indícios de sua autoria, como pressuposto para a atuação das autoridades, inicia a fundamentar a responsabilização do indivíduo por uma conduta juridicamente considerada e lastreada em fatos sensíveis. Atualmente uma constatação dessas pode parecer óbvia ao estudante das ciências penais, mas há de se ter em mente o quão radical foi a ruptura entre o modelo de direito penal do autor que predominava à época de Beccaria, e que até hoje anima parte da prática penal que insiste em adotar critérios distintos de interpretação e aplicação da lei a depender do destinatário da punição.

Conforme será apresentado no tópico a seguir, a estruturação da culpabilidade e seu local na dogmática e no método penal são mais bem desenvolvidos no início do século XX, com Frank e Von Liszt.

3.3 Reinhard Frank e Franz Von Liszt: consolidação na dogmática

A primeira fórmula realmente útil à dogmática no que diz respeito à culpabilidade é extraída de um diálogo entre as obras de Reinhard Frank e Franz Von Liszt, a primeira de 1907 e a segunda de 1899. A obra de Von Liszt, por preceder a de Frank, cria a fundação sobre a qual o diálogo entre as duas se desenvolveu, e situa a ação (fato punível) no centro do método penal, tornando-o um "conceito de enlace entre os elementos da teoria do crime".[139]

---

[137] BRANDÃO, Cláudio. Culpabilidade: sua análise na dogmática e no direito penal brasileiro. *Revista dos Tribunais Online*, Ciências Penais, v. 1, jul. 2004. p. 4-6.

[138] MARTINS JÚNIOR, Fernando Nogueira. *Vida e morte (e vida) da culpabilidade penal*: contribuição da teoria do delito para um Estado Democrático de Direito. 116f. Dissertação (Mestrado) – Faculdade de Direito da Universidade Federal de Minas Gerais, Belo Horizonte, 2012. p. 26.

[139] SIQUEIRA, Leonardo. *Culpabilidade e pena*: a trajetória do conceito material de culpabilidade e suas relações com a medida da pena. Belo Horizonte: Editora D'Plácido, 2016. p. 71.

Segundo Von Liszt,[140] que ainda não trabalhava com o termo *culpabilidade*, mas sim, *culpa* (ao menos na tradução à língua portuguesa a que tive acesso para a pesquisa), o princípio em questão impede que uma pena seja infligida sem que esse elemento exista, ou seja, pena sem culpa. Critica, por exemplo, a prática romana de punir ladrões impúberes, e a doutrina de que os pecados dos pais devessem recair sobre os seus filhos. Segundo o autor, a culpabilidade, ou culpa, pode ser sistematizada em dois elementos, quais sejam, a *imputabilidade* e a *imputação do resultado*.

Em passagem de seu *Direito Penal Alemão*, em que discorre sobre os fundamentos da culpa, Von Liszt condiciona a imputabilidade ao livre-arbítrio, argumentando que é imputável "todo homem mentalmente desenvolvido e mentalmente são".[141] Busca estabelecer, conjuntamente, a importância de um limite legal de idade de responsabilização de um indivíduo por um crime,[142] bem como um determinado nível de autodeterminação de sua vontade, considerando-se numerosas gradações possíveis nos índices de cada um – desenvolvimento e sanidade mentais.

A imputação do resultado, a seguir desenvolve Von Liszt,[143] deveria ser considerada em termos de dolo e culpa. Em síntese, a fórmula da culpabilidade proposta pelo autor consiste na aptidão mental do agente, expressada em seu desenvolvimento e saúde mentais (imputabilidade), e o fato de ter cometido a conduta animado por dolo ou culpa (imputação do resultado). Esse modelo é denominado atualmente pela doutrina como teoria psicológica da culpabilidade.

No entanto, foi a partir do diálogo estabelecido por Reinhard Frank com outros autores, mas principalmente por Von Liszt, em sua

---

[140] VON LIZST, Franz. *Direito Penal Alemão – Tomo I*. (Trad. da última edição e comentado pelo Dr. José Hygino Duarte Pereira). Rio de Janeiro: F. Briguiet & C. Editores 16 e 18, 1899. p. 250.

[141] VON LIZST, Franz. *Direito Penal Alemão – Tomo I*. (Trad. da última edição e comentado pelo Dr. José Hygino Duarte Pereira). Rio de Janeiro: F. Briguiet & C. Editores 16 e 18, 1899. p. 257.

[142] Limite esse que a legislação penal de sua época ainda hesitava em estabelecer, recorrendo à psicologia e à ciência do direito para estabelecerem argumentos a respeito, e trazendo elementos valorativos nas normas, tais como *livre exercício da vontade* e *discernimento necessário para compreensão do caráter delituoso do fato*, conforme argumenta à página 259 da obra aqui em referência.

[143] VON LIZST, Franz. *Direito Penal Alemão – Tomo I*. (Trad. da última edição e comentado pelo Dr. José Hygino Duarte Pereira). Rio de Janeiro: F. Briguiet & C. Editores 16 e 18, 1899. p. 270 e seguintes.

breve, porém influente obra *Sobre a estrutura do conceito de culpabilidade*, que o instituto pôde se desenvolver melhor na dogmática. Isso, em publicação recente da obra, ela é precedida por um artigo de Gonzalo D. Fernandez,[144] na qual explica a relevância dos conceitos propostos por Frank e como eles foram uma condição indispensável para a formatação última de um conceito normativo da culpabilidade.

Conforme aponta Martins Júnior,[145] Reinhard Frank considera insuficiente a proposta de Von Liszt, julgando-a tautológica. Frank[146] demonstra que no modelo de Von Liszt a culpabilidade é esvaziada de um sentido próprio, levando a inferir que o comportamento é punível (em um neologismo, *responsabilizável*) quando for culpável, e será culpável quando a pessoa for responsável por seu comportamento. Portanto, é um conceito basicamente autorreferencial que não possui um conteúdo apreensível fora de sua própria estrutura.

Em resposta a esse problema, segundo o próprio Frank,[147] culpabilidade é reprovabilidade. O autor concorda com Max Ernst Mayer ao dizer que apenas a ação culpável é reprovável. Nilo Batista[148] narra como o autor ilustra o problema da reprovabilidade, ao expor duas condutas a princípio idênticas – dois crimes de furto, por exemplo – cometidos por pessoas a quem se podem atribuir condições de exigibilidade distintas: uma delas abastada, de vida luxuosa, e outra que se vê pressionada pelas circunstâncias a praticar o crime para sobreviver. De uma delas é exigido um respeito maior à norma (abastada, não precisaria do crime para cumprir com suas necessidades básicas) e, da outra, a exigibilidade da conduta conforme a norma é menor (o necessitado, que não tem suas necessidades básicas atendidas).

No entanto, ele não limita a culpabilidade à simples reprovabilidade, mas a coloca como um ponto de partida com a pergunta

---

[144] FRANK, Reinhard. *Sobre la estructura del concepto de culpabilidad*. Reimpresión. Buenos Aires: B de F, 2002. p. 13 e seguintes.

[145] MARTINS JÚNIOR, Fernando Nogueira. *Vida e morte (e vida) da culpabilidade penal*: contribuição da teoria do delito para um Estado Democrático de Direito. 116f. Dissertação (Mestrado) – Faculdade de Direito da Universidade Federal de Minas Gerais, Belo Horizonte, 2012. p. 28.

[146] FRANK, Reinhard. *Sobre la estructura del concepto de culpabilidad*. Reimpresión. Buenos Aires: B de F, 2002. p. 26.

[147] FRANK, Reinhard. *Sobre la estructura del concepto de culpabilidad*. Reimpresión. Buenos Aires: B de F, 2002. p. 39.

[148] BATISTA, Nilo. Cem anos de reprovação. *Revista Passagens*, Rio de Janeiro, v. 1, n. 1, ano 1, 2009.

"quando se pode reprovar alguém por seu comportamento?",[149] ao que responde com um triplo pressuposto: a aptidão espiritual do autor (imputabilidade); uma relação psíquica do autor com o resultado (dolo ou culpa), e; a normalidade de circunstâncias sobre as quais se desenvolveram a ação.

Frank, portanto, ao prosseguir no debate a partir da concepção de Von Liszt, não apenas formula o conceito da reprovabilidade como ponto central da culpabilidade, mas também introduz a inexigibilidade de conduta diversa como um de seus elementos, e, consequentemente, um importante componente do método penal. No entanto, não se afasta de suas raízes causalistas (teoria clássica do crime) e mantém os caracteres psíquicos da conduta – dolo, culpa e imputação – como partes da culpabilidade, posição teórica que encontra evolução apenas com o finalismo de Hans Welzel, e a superação da teoria psicológico-normativa introduzida por Frank, pela normativa de Welzel.

Até que se chegasse à obra de Welzel, no entanto, um segundo modelo de culpabilidade, também de matriz psicológico-normativa, produzido, dentre outros, por Edmund Mezger, teve relevância na produção teórica penal e, por isso, será analisado no tópico a seguir.

3.4 A resposta neokantiana de Edmund Mezger

O positivismo puro que, até o início do século XX, animava o discurso jurídico-penal dominante, foi, ao longo das décadas seguintes, gradativamente sendo substituído por alguns de seus adeptos, pela matriz neokantiana de dogmática. Segundo Busato,[150] o neokantismo, sobretudo a partir da obra de Gustav Radbruch, pretendeu certa ruptura com o positivismo científico ao estabelecer um novo método para as ciências sociais, ou ciências da cultura, em oposição ao método das ciências naturais que propugnava um discurso jurídico ascético, adequado à descrição causal dos fenômenos da natureza.

Autores inspirados por Radbruch e outros de tendência neokantiana enxergavam a ciência jurídica como permeada por valores pré-existentes à norma, e que deveriam condicionar tanto sua interpretação quanto a elaboração de novas normas. A norma jurídica, portanto,

---

[149] FRANK, Reinhard. *Sobre la estructura del concepto de culpabilidad*. Reimpresión. Buenos Aires: B de F, 2002. p. 40.

[150] BUSATO, Paulo César. *Direito penal*: parte geral. 2. ed. São Paulo: Atlas, 2015. p. 223.

não possuía valor em si mesma, mas era condicionada pelos valores a ela anteriores. Isso leva a uma nova formatação da dogmática, não apenas explicativa – conforme se propõe no positivismo tradicional – mas teleológica, condicionando a interpretação de todo o método penal a valores pré-estabelecidos e em atenção à danosidade social da conduta ilícita.[151] Martins Júnior[152] denomina o neokantismo de *marco hipernormativizador*, justamente pelo posicionamento central da noção de valor (tal como se utiliza na expressão "elementos normativos do tipo", aqueles que dependem de um juízo de valor para serem aplicados) em todo o método jurídico-penal.

A grande expressão do ideal teórico neokantiano é visualizada na obra de Edmund Mezger,[153] que, em determinada passagem, credita à filosofia jurídica neokantiana, ou corrente filosófico-cultural alemã, ter conferido novas forças a uma fundamentação absoluta do Direito Penal.

Mezger adota e reforça dogmaticamente, ainda, a mesma estrutura de culpabilidade de Frank, considerando-a composta por imputabilidade, por dolo ou culpa (*espécies de culpabilidade*) e pela ausência de causas de sua exclusão, como a inexigibilidade de conduta diversa.[154]

Contudo, o que comentadores da obra de Mezger tendem a apontar, acima de tudo, é o notório fato de que o autor foi um dos importantes juristas que fundamentaram juridicamente o regime nazista alemão. A obra de Muñoz Conde *Edmund Mezger e o Direito Penal de seu tempo* traça uma narrativa histórica da atuação de Mezger tanto como jurista dogmático quanto como membro do braço político do regime.

Percebe-se, da análise da obra de Muñoz Conde, que a fundação axiológica exacerbada peculiar ao neokantismo serviu de base para a legitimação jurídica da imposição de duras penas aos inimigos do Estado, tidos como antissociais e merecedores de severas medidas de segurança. A fundação nos valores de *povo* e *raça*,[155] remetidos natural-

---

[151] BUSATO, Paulo César. *Direito penal*: parte geral. 2. ed. São Paulo: Atlas, 2015. p. 224-226.

[152] MARTINS JÚNIOR, Fernando Nogueira. *Vida e morte (e vida) da culpabilidade penal*: contribuição da teoria do delito para um Estado Democrático de Direito. 116f. Dissertação (Mestrado) – Faculdade de Direito da Universidade Federal de Minas Gerais, Belo Horizonte, 2012. p. 31.

[153] MEZGER, Edmund. *Derecho penal*: libro de estudio, parte general. Buenos Aires: Editorial Bibliográfica Argentina, 1958. p. 383.

[154] MEZGER, Edmund. *Derecho penal*: libro de estudio, parte general. Buenos Aires: Editorial Bibliográfica Argentina, 1958. p. 199.

[155] MUÑOZ CONDE, Francisco. *Edmund Mezger e o Direito penal de seu tempo*: estudos sobre o Direito Penal no Nacional-Socialismo. Rio de Janeiro: Lumen Juris, 2005. p. 79.

mente aos ideais neutralizadores (de indesejados) e segregacionistas do nacional-socialismo, eram importantes pontos de partida para uma reforma do Direito Penal que então se inaugurava, segundo o próprio Mezger afirmava.

Pode-se ver, ainda, uma divergência importante entre a obra de Mezger e os autores que o precederam, ao considerar como conteúdo da culpabilidade uma reprovação da personalidade do autor, "de un conjunto de presupuestos que están situados en la persona del autor y constituyen una determinada situación de hecho de la culpabilidad".[156] Contrapõe-se a Frank, autor analisado anteriormente, que em todos os momentos fala sobre a reprovação do comportamento concretamente considerado, e não do autor em si.[157]

Todo esse arcabouço teórico, outrossim, permitiu o desenvolvimento de um Direito Penal de autor plenamente justificado, como uma resposta jurídica[158] a uma conduta culpável, assim interpretada conforme os valores sociais materializados na norma penal. Conduta culpável confunde-se, nesse contexto, com o modo de ser contrário aos valores vigentes na sociedade, o que, para um modelo democrático de sistema penal, é uma verdadeira excrescência.

Apesar disso, conforme demonstra Batista,[159] a literatura de Mezger, basicamente no que diz respeito à teoria psicológico-normativa da culpabilidade, foi bem recebida no Brasil enquanto discurso jurídico-penal, afastadas suas raízes nazistas, sobretudo na obra de Aníbal Bruno, que veio a inspirar, posteriormente as obras de Heleno Fragoso e Frederico Marques.

Já no pós-guerra, rechaçando os horrores nazistas e o arcabouço teórico que justificou a instrumentalização do Direito Penal para seus fins notadamente genocidas, Hans Welzel formula todo um novo modelo dogmático, tendo um importante impacto no estudo da culpabilidade. Analisar, como foi feito nesse tópico, a posição de Mezger é importante para se reconhecer o valor da resposta de Welzel, que será brevemente examinada a seguir.

---

[156] MEZGER, Edmund. *Derecho penal*: libro de estúdio, parte general. Buenos Aires: Editorial Bibliográfica Argentina, 1958. p. 190.

[157] FRANK, Reinhard. *Sobre la estructura del concepto de culpabilidad*. Reimpresión. Buenos Aires: B de F, 2002. p. 40.

[158] MEZGER, Edmund. *Derecho penal*: libro de estudio, parte general. Buenos Aires: Editorial Bibliográfica Argentina, 1958. p. 196.

[159] BATISTA, Nilo. Cem anos de reprovação. *Revista Passagens*, Rio de Janeiro, v. 1, n. 1, ano 1, p. 9, 2009.

3.5 Hans Welzel e o finalismo

A maior contribuição de Hans Welzel à doutrina penal se encontra na elaboração de um novo sistema dogmático que veio a superar o marco neokantiano desde a crise ideológica que o circundava. No entanto, o presente tópico se debruçará com maior atenção sobre o que o autor tem a dizer sobre a culpabilidade, especificamente.

Introdutoriamente, sobre a obra de Welzel, cumpre ressaltar que o autor buscou resgatar o positivismo enquanto método jurídico-penal, extraindo a centralidade que os valores, abstratamente considerados, e a hermenêutica teleológica impunham a esse método no contexto neokantiano. Busato[160] descreve a oposição de Welzel ao neokantismo ao argumentar que o autor reconhecia uma relação constante entre ser e dever-ser no discurso jurídico, sendo função do direito, enquanto mecanismo de regulação da realidade, não negá-la.

O avanço científico inicial e mais marcante da teoria finalista de Welzel, que desencadeou todos os demais, foi, notavelmente, no âmbito da teoria da ação: para o autor, o traço marcante da ação humana é o fato de ser essa sempre dirigida a um fim, distinguindo-a dos fatos da natureza.[161] Segundo comentários de Tangerino,[162] Welzel buscou, em sua obra, direcionar o estudo jurídico à "ação humana em sua especificidade espiritual", priorizando-se, na ciência jurídica, a ação definida por uma ideia de finalidade conforme a consciência de sentido: uma previsibilidade, ainda que limitada, do resultado que o sujeito busca alcançar com o seu ato.

Como toda vontade humana é dirigida a um fim e, assim, guia a ação efetivamente praticada em direção a um resultado, não há como dissociar reprovação do resultado, que se encontrava no domínio da tipicidade (resultado reprovável = conduta típica), da reprovação da vontade, que, até então, se encontrava como elemento da culpabilidade (vontade reprovável = conduta culpável): em síntese, a análise deveria ser conjunta. Busato conclui, em síntese, que "o tipo corresponde simplesmente à descrição da proibição da ação proibida. Desse modo,

---

[160] BUSATO, Paulo César. *Direito penal*: parte geral. 2. ed. São Paulo: Atlas, 2015. p. 227.

[161] BRANDÃO, Cláudio. Culpabilidade: sua análise na dogmática e no direito penal brasileiro. *Revista dos Tribunais Online*, Ciências Penais, v. 1, jul. 2004. p. 9.

[162] TANGERINO, Davi de Paiva Costa. *Apreciação crítica dos fundamentos da culpabilidade a partir da criminologia*: contribuições para um Direito penal mais ético. 281 f. Tese (Doutorado) – Universidade de São Paulo, São Paulo, 2009. p. 86.

uma vez que a ação já é dotada de um propósito, o dolo passa a integrar o próprio tipo".[163] Em outras palavras, a análise de uma ação é incompleta, no âmbito do finalismo, se a vontade do agente não faz parte dessa análise.

Sendo assim, a culpabilidade finalista perde seu elemento psicológico, ou naturalista, que passa ao âmbito da tipicidade, tornando-se – a culpabilidade – puramente normativa. As até então espécies de culpabilidade (dolo e culpa) passam a ser mais bem localizadas na análise da conduta típica.

Welzel toma inspiração na doutrina de Graf Zu Dohna,[164] para quem a contribuição de separar o objeto de valoração (conduta dolosa ou culposa) da valoração em si (culpabilidade enquanto reprovabilidade) deve ser creditada. Em outras palavras, o raciocínio sequencial é: a) a vontade que moveu o agente a praticar uma ação é subsumida ao tipo em um primeiro momento; b) se tal conduta finalista (ação) ou negligência de dever de cuidado (omissão) corresponde à violação de uma norma penal, há indícios de que será antijurídica (teoria indiciária da tipicidade, de Max Ernst Mayer),[165] e; c) não concorrendo qualquer causa legal de exclusão da juridicidade, examina-se sua reprovabilidade normativa. É essa reprovabilidade que converte a ação antijurídica em delito.[166]

No modelo finalista, ou normativo puro, de culpabilidade, encontram-se, portanto, como seus elementos, a imputabilidade, a inexigibilidade de agir conforme o direito e, como contribuição teórica adicional da doutrina finalista, a potencial consciência da ilicitude.

Em oposição a um dos traços marcantes da doutrina de Mezger, o núcleo de seu conceito de culpabilidade, Welzel,[167] cite-se novamente, rechaça que o método penal reprove um sujeito por aquilo que ele seja, limitando a análise jurídica à reprovação de sua vontade concretizada em ação ou omissão. O autor apenas admite a valoração de características

---

[163] BUSATO, Paulo César. *Direito penal*: parte geral. 2. ed. São Paulo: Atlas, 2015. p. 229.

[164] WELZEL, Hans. *El nuevo sistema del Derecho penal*: una introducción a la doctrina de la acción finalista. 2. reimp. (Trad. y notas por José Cerezo Mir). Buenos Aires: B de F, 2004. p. 131.

[165] BRANDÃO, Cláudio. *Tipicidade Penal – Dos elementos da dogmática ao giro conceitual do método entimemático*. 2. ed. Coimbra: Almedina, 2014.

[166] WELZEL, Hans. *El nuevo sistema del Derecho penal*: una introducción a la doctrina de la acción finalista. 2. reimp. (Trad. y notas por José Cerezo Mir). Buenos Aires: B de F, 2004. p. 125.

[167] WELZEL, Hans. *El nuevo sistema del Derecho penal*: una introducción a la doctrina de la acción finalista. 2. reimp. (Trad. y notas por José Cerezo Mir). Buenos Aires: B de F, 2004. p. 128.

pessoais do agente quando for útil à correta gradação dos demais elementos da reprovação, sobretudo a exigibilidade de conduta diversa,[168] e não julgar reprovável ou não um réu conforme tais características.

Por ser um elemento valorativo negativo, argumenta Welzel,[169] a culpabilidade enquanto reprovabilidade pode ser graduada, conforme o nível de livre-arbítrio conferido ao agente e sua possibilidade concreta de atuar conforme a norma, sendo a qualidade de culpabilidade maior ou menor a depender de cada caso.

Com a apresentação de algumas das correntes mais relevantes ao tema da culpabilidade na dogmática jurídico-penal, encerra-se a análise historiográfica proposta com os comentários anteriores, sobre o finalismo, por uma razão: o *mainstream* da dogmática penal brasileira, bem como nosso Código Penal, abraçaram o finalismo enquanto método predominante de valoração do crime e, consequentemente, a noção normativa pura da culpabilidade como marco interpretativo.

Os tópicos a seguir se propõem à análise dessa recepção em solo brasileiro, sua operacionalização e a coerência entre o discurso e a prática efetiva.

3.6 O finalismo no Código Penal brasileiro

O Código Penal brasileiro, com ressalva à sua exposição de motivos, não deixa óbvia sua escolha pelo finalismo enquanto doutrina orientadora de sua metodologia de aferição da conduta criminosa, deixando esparsos ao longo de sua parte geral e parte especial os elementos que correspondem às categorias conceituais da teoria do delito. O que o acadêmico familiar com a base teórica do Direito Penal brasileiro entende como obviedade – a adoção de nosso código pelo finalismo[170] – se dá graças à insistência da doutrina em sistematizar a correspondência entre os conceitos desse campo teórico e os dispositivos legais.

---

[168] WELZEL, Hans. *El nuevo sistema del Derecho penal*: una introducción a la doctrina de la acción finalista. 2. reimp. (Trad. y notas por José Cerezo Mir). Buenos Aires: B de F, 2004. p. 126.

[169] WELZEL, Hans. *El nuevo sistema del Derecho penal*: una introducción a la doctrina de la acción finalista. 2. reimp. (Trad. y notas por José Cerezo Mir). Buenos Aires: B de F, 2004. p. 127.

[170] BRANDÃO, Cláudio. *Teoria jurídica do crime*. 4. ed. São Paulo: Atlas, 2015. p. 125.

Conforme ensina Juarez Cirino dos Santos,[171] a literatura e a jurisprudência contemporâneas adotaram, predominantemente, o modelo tripartido e finalista de crime, influenciando, ainda, a reforma penal alemã de 1975 e a brasileira de 1984. Conforme desenvolvido nos tópicos anteriores, tal modelo compreende a tipicidade – a partir do marco da ação final, com dolo e culpa – bem como a antijuridicidade e a culpabilidade como pressupostos de existência da infração penal.

O código, no entanto, não deixa clara essa posição, mesmo após a reforma de sua parte geral, e mesmo na análise de sua exposição de motivos, que permite uma dedução nesse sentido ao mencionar a teoria limitada da culpabilidade em seus pontos 17 e 19.

Brandão[172] apresenta mais algumas das pistas deixadas pelo legislador que permitem aferir o seu posicionamento: menciona que na disciplina do erro de tipo, no artigo 20 do código,[173] a norma determina que o erro quanto ao elemento constitutivo do tipo exclui o dolo, o que traduz uma das importantes alterações operadas pelo paradigma finalista de ação: o deslocamento do dolo e culpa – antes componentes da culpabilidade – para o tipo.

Já a culpabilidade, no código, se mostra ainda mais problemática. Enquanto as hipóteses de atipicidade são mais explícitas – como a inexistência de conduta, sua inadequação ao tipo ou a exclusão do dolo – e as excludentes de antijuridicidade encontram-se descritas no artigo 23 da lei e regulamentadas nos dispositivos seguintes,[174] ao optar por normativamente excluir a culpabilidade de uma conduta, o código utiliza o termo *isenção de pena*.

Por exemplo, o artigo 26 do Código Penal[175] exclui a culpabilidade do inimputável ao determinar a isenção de pena do doente mental ou

---

[171] SANTOS, Juarez Cirino. *Direito penal*: parte geral. 5. ed. rev. ampl. Curitiba: Lumen Juris, 2012. p. 78.

[172] BRANDÃO, Cláudio. Culpabilidade: sua análise na dogmática e no direito penal brasileiro. *Revista dos Tribunais Online*, Ciências Penais, v. 1, jul. 2004. p. 9.

[173] "O erro sobre elemento constitutivo do tipo legal de crime exclui o dolo, mas permite a punição por crime culposo, se previsto em lei".

[174] "Exclusão de ilicitude
Art. 23 – Não há crime quando o agente pratica o fato:
I – em estado de necessidade;
II – em legítima defesa;
III – em estrito cumprimento de dever legal ou no exercício regular de direito".

[175] "Art. 26 – É isento de pena o agente que, por doença mental ou desenvolvimento mental incompleto ou retardado, era, ao tempo da ação ou da omissão, inteiramente incapaz de entender o caráter ilícito do fato ou de determinar-se de acordo com esse entendimento".

de quem possuía desenvolvimento mental incompleto ou retardado na época da ação. O mesmo ocorre no artigo 28, §1º,[176] ao reconhecer a ausência de culpabilidade do completamente embriagado por caso fortuito ou força maior. Por fim, o erro sobre a ilicitude do fato, que viola o elemento *potencial consciência da ilicitude* da culpabilidade, é previsto no artigo 21,[177] que isenta de pena quem age em desconhecimento sobre a natureza criminosa de seu ato.

Por outro lado, a imprecisão técnica do legislador se faz ressaltada quando utiliza a expressão *isentar de pena* em relação a outros elementos do crime, como a tipicidade – a exemplo do erro do artigo 20, §1º – ou uma espécie de isenção da pena *lato sensu*, pela qual não se extrai da lei a certeza de como se amolda conceitualmente – como a imunidade entre cônjuges e parentes no crime de furto[178] e a retratação do querelado nos processos por calúnia ou difamação.[179]

E mais: a inexigibilidade de conduta diversa, elemento presente nas primeiras concepções de uma teoria normativa da culpabilidade – introduzida por Freudenthal na década de 1920 – e, posteriormente, consolidado na doutrina finalista do instituto, não tem menção no código brasileiro. Atualmente, a inexigibilidade tem sido aplicada concretamente como condição supralegal de exclusão da culpabilidade:[180] ou seja, nos moldes de construções teóricas como o princípio da insignificância, tipicidade material e imputação objetiva, tem sido aplicada judicialmente sem um suporte normativo, apenas doutrinário e, felizmente, consolidado pela própria jurisprudência apesar da ausência de guarida legal, conforme discute Brandão.[181]

---

[176] "§1º – É isento de pena o agente que, por embriaguez completa, proveniente de caso fortuito ou força maior, era, ao tempo da ação ou da omissão, inteiramente incapaz de entender o caráter ilícito do fato ou de determinar-se de acordo com esse entendimento".

[177] "O erro sobre a ilicitude do fato, se inevitável, isenta de pena; se evitável, poderá diminuí-la de um sexto a um terço".

[178] "Art. 181 – É isento de pena quem comete qualquer dos crimes previstos neste título, em prejuízo:
I – do cônjuge, na constância da sociedade conjugal;
II – de ascendente ou descendente, seja o parentesco legítimo ou ilegítimo, seja civil ou natural".

[179] "Art. 143 – O querelado que, antes da sentença, se retrata cabalmente da calúnia ou da difamação, fica isento de pena".

[180] SANTOS, Juarez Cirino. *Direito penal*: parte geral. 5. ed. rev. ampl. Curitiba: Lumen Juris, 2012. p. 320.

[181] BRANDÃO, Cláudio. Culpabilidade: sua análise na dogmática e no direito penal brasileiro. *Revista dos Tribunais Online*, Ciências Penais, v. 1, jul. 2004. p. 9-10.

O suporte normativo que nosso código oferece à culpabilidade se faz visível apenas nas circunstâncias de aplicação da pena, servindo como uma das condições para a determinação da gravidade da sanção, correspondente a essa culpabilidade.

Juarez Cirino dos Santos[182] opera uma crítica contundente à culpabilidade enquanto circunstância judicial, conforme se apresenta no artigo 59 do Código Penal, apontando a impropriedade metodológica do legislador que, ao mesmo tempo, considera a culpabilidade como elemento do crime e como "simples circunstância judicial de informação do juízo de culpabilidade".[183]

Prossegue o autor apontando que, na exposição de motivos do código, o legislador ignora a diferença entre o objeto de valoração e o juízo de valoração, o que incumbe, respectivamente, à tipicidade e à culpabilidade: o autor do crime será reprovado quando sua conduta se amolda ao tipo, por dolo ou culpa, e o nível de sua reprovação se dará com a verificação e gradação dos elementos da culpabilidade – imputabilidade, potencial consciência do ilícito e exigibilidade de comportamento diverso.[184]

Da forma que se encontra no código, a culpabilidade acaba por ter um espaço discursivo e de operacionalização bastante limitado. Enquanto a gradação da reprovação do juízo de culpabilidade deveria permitir uma análise cuidadosa da consciência do injusto de que se valia o autor, e da exigibilidade concreta de que ele agisse conforme o direito, na realidade acaba por se tornar mero mecanismo de justificação da pena, ao invés de um recurso limitador.[185]

Juarez Cirino dos Santos cita pesquisa empírica que denota a culpabilidade como a circunstância judicial mais presente em decisões de dosimetria de pena que a fixam acima do mínimo legal, "com frequente fundamentação inerente ao tipo – um método ilegal consistente na repetição do tipo legal imputado".[186] Ou seja, o juízo de reprovabilidade

---

[182] SANTOS, Juarez Cirino. *Direito penal*: parte geral. 5. ed. rev. ampl. Curitiba: Lumen Juris, 2012. p. 517-519.

[183] SANTOS, Juarez Cirino. *Direito penal*: parte geral. 5. ed. rev. ampl. Curitiba: Lumen Juris, 2012. p. 518.

[184] SANTOS, Juarez Cirino. *Direito penal*: parte geral. 5. ed. rev. ampl. Curitiba: Lumen Juris, 2012. p. 518.

[185] SIQUEIRA, Leonardo. *Culpabilidade e pena*: a trajetória do conceito material de culpabilidade e suas relações com a medida da pena. Belo Horizonte: Editora D'Plácido, 2016. p. 76.

[186] SANTOS, Juarez Cirino. *Direito penal*: parte geral. 5. ed. rev. ampl. Curitiba: Lumen Juris, 2012. p. 520.

é esvaziado, a gradação desse juízo é ignorada, e a reprovação do fato – que incumbe à tipicidade na conformação da conduta a um tipo penal – é repetida e tida como circunstância desfavorável no momento da avaliação da culpabilidade.

Ilustrando-se o problema, se o autor cometeu um furto, e isso foi verificado pelo método penal com a aferição de seu dolo, essa mesma análise não leva, automaticamente, a um julgamento negativo de sua culpabilidade enquanto circunstância de dosimetria da pena. O simples fato de que *o autor diminuiu o patrimônio de outra pessoa*, por exemplo, por mais grave que esse fato seja, não leva automaticamente a concluir que sua reprovabilidade (culpabilidade) deva ser valorada negativamente.

A reprovação já foi feita e, nesse momento, incumbe ao juiz analisar as condições pessoais desse autor e as circunstâncias concretas do fato com o fim de verificar quão reprovável sua conduta é: será imputável? Qual foi o grau de consciência de ilicitude que animou essa conduta? Quais as circunstâncias o circundavam a ponto de ser-lhe exigível um comportamento completamente conforme aos deveres de conduta preceituados em nosso ordenamento jurídico?

Por mais que a culpabilidade tenha um espaço diminuto na prática penal brasileira, deve-se delimitar o que esse conceito compreende e, de forma alguma, repetir um juízo de reprovação já realizado pela tipicidade. A violação da regra do *ne bis in idem* é evidente, conforme argumenta Rodrigues,[187] adotando a argumentação de Juarez Tavares.

Analisada a base teórica que fundamenta a culpabilidade no direito brasileiro, além de como se dá a concretização das normas que a embasam, o próximo capítulo tratará de apontar proposições teóricas posteriores ao finalismo, que visem a desenvolver os elementos componentes do instituto e possibilitar uma aplicação mais voltada à proteção do indivíduo e à contenção de um poder punitivo que, sabidamente, tende a abusos e violações de direitos.

---

[187] RODRIGUES, Leonardo Monteiro. *A evolução das teorias da culpabilidade*: do causalismo ao funcionalismo-teleológico. 107f. Dissertação (Mestrado) – Programa de Pós-Graduação em Direito da Pontifícia Universidade Católica de Minas Gerais, Belo Horizonte, 2016. p. 26.

4

O CAMINHO À VULNERABILIDADE

4.1 Introdução: o finalismo que morreu, mas passa bem

O capítulo atual se ocupa de duas funções. Em primeiro lugar, serão analisadas propostas doutrinárias em matéria penal que dialogam com o finalismo e, por terem-no precedido cronologicamente, buscaram aperfeiçoar seus postulados, com foco no instituto da culpabilidade.

Nesse sentido, parcela razoável de autores tratou de questionar pontos obscuros da doutrina normativa da culpabilidade, seja se aliando a essa corrente, seja propondo uma nova. É o caso do funcionalismo, célebre sucessor do finalismo enquanto escola penal, e discurso atualmente predominante no penalismo europeu. Como sistema (enquanto conjunto de regras com um princípio unificador), o funcionalismo ainda não obteve grandes ecos na realidade penal brasileira, tendo suas contribuições ainda se limitado à importação de conceitos como a *imputação objetiva* e o *domínio do fato* à interpretação da lei penal nacional, ainda predominantemente finalista em sua interpretação.

Ao se analisar brevemente as obras de Claus Roxin e Günther Jakobs como grandes expoentes do funcionalismo – brevemente, porque, naturalmente, trata-se de obras de grande extensão e alcance, cuja análise, não raro, se estende pela integralidade de teses e dissertações – pretende-se, como segundo objetivo do capítulo presente, examinar uma possível adequação das propostas dos mencionados autores à realidade político-criminal brasileira. Partindo do fato de que o funcionalismo tem como ponto de partida, e de referência constante, a política criminal, a análise se dará em conjunto entre esse dado e a breve investigação sobre os programas de política criminal historicamente aderidos pelo Brasil, investigação esta já desenvolvida ao longo do capítulo 2.

Atingidos os objetivos descritos, será explorada a temática da *culpabilidade pela vulnerabilidade*. Inserida no conjunto de propostas atribuídas a Eugénio Raúl Zaffaroni como componentes de um sistema de *funcionalismo redutor*, o tema será analisado à parte, visto que em muito se distancia do que tradicionalmente se conhece por funcionalismo, de matriz europeia. Esse distanciamento será explicitado em momento oportuno, adaptando-se, também a esse tema, a análise realizada em relação à adequação do funcionalismo tradicional à realidade político-criminal brasileira.

Um dos pontos de partida de que se utiliza nesse capítulo é o seguinte: essa pesquisa não teve como meta explícita gerar subsídios para uma nova legislação, mas novas interpretações daquela hoje existente. Pretende-se investigar, no trabalho, a presença de possíveis novos filtros interpretativos que tornem mais racional a operação de categorias normativas vigentes na normatização do sistema e no cotidiano forense.

Para que se possa defender a aplicação integral dos postulados do funcionalismo – qualquer que seja a sua encarnação – na realidade brasileira, nosso Código Penal deveria, primeiro, atravessar uma alteração substancial, uma vez que o princípio unificador de sua parte geral, ou seja, o sistema normativo adotado, é o finalista.

Por isso se utiliza do jargão corrente entre os jovens (pelo menos por volta de 2018 ou 2019) ao se falar sobre um funcionalismo que *morreu, mas passa bem*: grande parte dos esforços doutrinários dos, provavelmente, últimos cinquenta anos tiveram êxito em demonstrar pontos de falibilidade do sistema finalista. No entanto, a legislação brasileira e, talvez, muitas outras de tradições próximas, ainda mantêm vivo o finalismo de Welzel e, com isso, seu modelo tripartite de crime e a culpabilidade normativa.

Portanto, apesar de ter suportado uma grave crise doutrinária – bem como de aplicabilidade em nosso país, como se viu no final do capítulo anterior – e ter sido superado (atualizado) pelo paradigma funcionalista graças aos desenvolvimentos da doutrina alemã, o finalismo *passa bem* – pelo menos entre nós – enquanto estiver vigente no ordenamento brasileiro. Diante disso, o acadêmico que ocupa seus esforços não em defender uma reforma sistêmica no ordenamento penal, mas em seu aperfeiçoamento interpretativo, acaba por se valer do artifício da compatibilização de influxos de outros discursos à realidade normativa integrada pelo sistema finalista.

É o que pretendi realizar no presente trabalho, sobretudo nesse quarto capítulo, como introdução ao assunto central que será tratado no capítulo seguinte: a mídia de massa. Posteriormente, ambos os assuntos serão interligados por meio de interessantes pontos de convergência.

4.2 A crise do finalismo

O cenário que possibilitou a ascensão do funcionalismo no *mainstream* doutrinário ocidental é o de crise do paradigma finalista, tendo a culpabilidade enquanto parte desse paradigma desempenhado um papel central nessa transição.

Martins Júnior[188] aponta como problemática a imbricação entre direito e moral que a culpabilidade finalista promovia. Na esteira de Nilo Batista, comentando trechos de seu já mencionado artigo *Cem anos de reprovação*, Fernando Martins Júnior menciona que o juízo de reprovação seria único para a cabeça de cada juiz, dependendo de pré-compreensões, das "presunções mais variadas" e, acrescentando como comentário próprio, das tradições conservadoras e de classe média-alta que animam o conteúdo da preparação e avaliação para o provimento dos cargos de magistrado.

Sendo assim, a reprovabilidade que fundamenta a gradação da culpabilidade estaria fundada em preconceitos advindos de um discurso dominante e pretensamente totalizante (a experiência do homem branco, cristão, heterossexual, de classe média é a experiência universal), recepcionado pela lei pela via dos indivíduos que majoritariamente a produzem. Essa tradição reiterada acaba por se formar de um conceito institucionalizado de *homem médio*.[189] Naturalmente há um processo discursivo mais complexo do que determinar, pela lei, que o *homem médio* é o indivíduo de classe média, heterossexual, que talvez fume ou beba recreativamente, dentre outros valores dominantes, mas todos esses caracteres acabam por formar, como um todo, a noção dominante do homem médio – consolidada na aplicação da lei pelos tribunais.

---

[188] MARTINS JÚNIOR, Fernando Nogueira. *Vida e morte (e vida) da culpabilidade penal*: contribuição da teoria do delito para um Estado Democrático de Direito. 116f. Dissertação (Mestrado) – Faculdade de Direito da Universidade Federal de Minas Gerais, Belo Horizonte, 2012. p. 39.

[189] MARTINS JÚNIOR, Fernando Nogueira. *Vida e morte (e vida) da culpabilidade penal*: contribuição da teoria do delito para um Estado Democrático de Direito. 116f. Dissertação (Mestrado) – Faculdade de Direito da Universidade Federal de Minas Gerais, Belo Horizonte, 2012. p. 41.

É uma crítica em sentido semelhante que Zaffaroni utiliza como ponto de partida para esquematizar sua culpabilidade como vulnerabilidade, a qual servirá como base para a discussão ulteriormente desenvolvida no presente trabalho e que, naturalmente, será retomada no momento em que o pensamento do autor for apresentado mais detidamente. Abro e fecho parênteses nesse parágrafo.

Retomando: a imbricação entre direito e moral operada pela reprovabilidade finalista sempre foi uma questão que muito preocupou parte da doutrina de inspiração criminológica, tais como, por exemplo, os já citados Fernando Martins Júnior e Nilo Batista.[190] No entanto, outra questão, dando um passo atrás em relação à valoração judicial moralista, preocupou ainda mais autores e motivou novas formulações teóricas.

O problema principal desse modelo sempre girou em torno da centralidade que a noção de livre-arbítrio apresentava no sistema de culpabilidade finalista. Mais especificamente, a indemonstrabilidade desse livre-arbítrio. Tangerino[191] menciona a tendência doutrinária de apontar a base do finalismo no livre-arbítrio como o *calcanhar de Aquiles* do sistema, sendo o ponto predominante de críticas da doutrina pós-finalista.

O próprio Welzel,[192] ao construir as bases conceituais que formariam a culpabilidade finalista, examina, em capítulo próprio, os problemas discursivos pertinentes ao livre-arbítrio, desde já reconhecendo a fragilidade da categoria. Analisa o autor, em uma investigação de denso conteúdo psicológico, que um livre-arbítrio antropologicamente considerado – a principal característica que separa o ser humano dos animais – pode muitas vezes ceder a impulsos motivados não por valores, mas por necessidades.

Ademais das meras necessidades básicas, Welzel[193] reconhece que a finalidade do agir humano sempre será motivada por uma parcela

---

[190] BATISTA, Nilo. Cem anos de reprovação. *Revista Passagens*, Rio de Janeiro, v. 1, n. 1, ano 1, p. 14, 2009.

[191] TANGERINO, Davi de Paiva Costa. *Apreciação crítica dos fundamentos da culpabilidade a partir da criminologia*: contribuições para um Direito penal mais ético. 281 f. Tese (Doutorado) – Universidade de São Paulo, São Paulo, 2009. p. 93.

[192] WELZEL, Hans. *El nuevo sistema del Derecho penal*: una introducción a la doctrina de la acción finalista. 2. reimp. (Trad. y notas por José Cerezo Mir). Buenos Aires: B de F, 2004. p. 134 e seguintes.

[193] WELZEL, Hans. *El nuevo sistema del Derecho penal*: una introducción a la doctrina de la acción finalista. 2. reimp. (Trad. y notas por José Cerezo Mir). Buenos Aires: B de F, 2004. p. 140.

de determinismo (algo que foge e se opõe ao livre arbítrio, mas a que Welzel atribui pequena parcela de responsabilidade na condução da vontade), que pode originar de diversas fontes distintas.

Essa sequência de ideias é o que Welzel denomina os problemas do livre-arbítrio: o primeiro não necessariamente um problema, mas sua principal definição – a diferenciação entre o ser humano e o animal, aspecto antropológico –, a cessão de parcela desse arbítrio aos impulsos – aspecto caracterológico – e parte do condicionamento dessa liberdade a uma parcela de determinismo oriundo de várias fontes possíveis – aspecto categorial.

Há, ainda, uma ligação aparente entre dois problemas – livre-arbítrio e imbricação entre direito e moral, respectivamente – no sentido de que aquele indivíduo que se vê mais distanciado da noção do homem médio (independentemente desse distanciamento ter ocorrido contrariamente à sua vontade ou determinado por qualquer fonte que seja) tem a si atribuído um nível não questionado – ou não questionável – de livre-arbítrio, igual àquele do homem médio paradigma.

Isso nada mais faz do que tornar mais grave a reprovação de quem pertence a grupos marginalizados de alguma forma, distantes da noção de homem médio, independentemente do efetivo esforço pessoal para o desvio do padrão médio. A preocupação se funda porque, mesmo com o alerta de Welzel, o livre-arbítrio é presumido[194] como existente e plenamente funcional em basicamente qualquer caso. A reprovação se fundamenta em uma suposta *escolha* do agente em seguir um caminho imoral e, como consequência última, ter lesado um bem jurídico – o que é o fato que o levou a ser julgado, mas não necessariamente o único objeto de valoração do processo.

Outros setores mais contemporâneos da pesquisa em ciências criminais tendem a levar a discussão sobre o livre-arbítrio pelo caminho da neurociência. Cita-se, por exemplo, as análises feitas por Lázaro

---

[194] MARTINS JÚNIOR, Fernando Nogueira. *Vida e morte (e vida) da culpabilidade penal*: contribuição da teoria do delito para um Estado Democrático de Direito. 116f. Dissertação (Mestrado) – Faculdade de Direito da Universidade Federal de Minas Gerais, Belo Horizonte, 2012. p. 39.

Guilherme,[195] Fernando Martins Júnior[196] e Leonardo Rodrigues.[197] Como a investigação predominante no presente trabalho não tem por objetivo perpassar a análise neurocientífica, e que tampouco poderia se aproveitar de suas conclusões, vale uma síntese do pensamento expressado pelos autores mencionados acerca do campo a título de exposição do estado da arte da matéria.

Martins Júnior[198] explicita que, pela clareza metodológica propiciada pelos recentes avanços tecnológicos na área médica, as *hard sciences* tal como a neurociência têm avançado substancialmente na análise da repercussão física de impulsos emocionais no cérebro de indivíduos, que podem ser interpretados a partir da leitura de ondas cerebrais. Com isso, como explicam Fernando Martins Júnior e Lázaro Guilherme,[199] a pesquisa neurocientífica permitiu decifrar as estruturas de tomada de decisão do ser humano, que possui um fator inconsciente até mais forte do que o consciente. Com isso, a pretensa liberdade na vontade para a autodeterminação da pessoa – fator consciente – acaba por se ver enfraquecida e quase que completamente afastada pelo ponto de vista da neurociência.

No entanto (e em sendo esses os motivos pelos quais o presente trabalho não adota como marco teórico a base neurocientífica) Martins Júnior[200] aponta a tendência que a apropriação do saber penal pelas ciências médicas historicamente segue: objetificação do ser humano

---

[195] GUILHERME, Lázaro Samuel Gonçalves. *Princípio da coculpabilidade e culpabilidade pela vulnerabilidade*: mecanismos de controle e limitação (correção) da seletividade penal. 144f. Dissertação (Mestrado) – Programa de Pós-Graduação em Direito, Pontifícia Universidade Católica de Minas Gerais, Belo Horizonte, 2017. p. 67 e seguintes.

[196] MARTINS JÚNIOR, Fernando Nogueira. *Vida e morte (e vida) da culpabilidade penal*: contribuição da teoria do delito para um Estado Democrático de Direito. 116f. Dissertação (Mestrado) – Faculdade de Direito da Universidade Federal de Minas Gerais, Belo Horizonte, 2012. p. 61 e seguintes.

[197] RODRIGUES, Leonardo Monteiro. *A evolução das teorias da culpabilidade*: do causalismo ao funcionalismo-teleológico. 107f. Dissertação (Mestrado) – Programa de Pós-Graduação em Direito da Pontifícia Universidade Católica de Minas Gerais, Belo Horizonte, 2016. p. 104 e seguintes.

[198] MARTINS JÚNIOR, Fernando Nogueira. *Vida e morte (e vida) da culpabilidade penal*: contribuição da teoria do delito para um Estado Democrático de Direito. 116f. Dissertação (Mestrado) – Faculdade de Direito da Universidade Federal de Minas Gerais, Belo Horizonte, 2012. p. 62.

[199] GUILHERME, Lázaro Samuel Gonçalves. *Princípio da coculpabilidade e culpabilidade pela vulnerabilidade*: mecanismos de controle e limitação (correção) da seletividade penal. 144f. Dissertação (Mestrado) – Programa de Pós-Graduação em Direito, Pontifícia Universidade Católica de Minas Gerais, Belo Horizonte, 2017. p. 67.

[200] MARTINS JÚNIOR, Fernando Nogueira. *Vida e morte (e vida) da culpabilidade penal*: contribuição da teoria do delito para um Estado Democrático de Direito. 116f. Dissertação (Mestrado)

e instrumentalização da pena a um fim alheio ao cidadão, que se vê tornado um meio à consecução da razão de Estado (neutralização de indesejáveis, por exemplo), em oposição à abordagem retributivista e preventiva predominante na dogmática penal atual.

A esse respeito, um outro ponto é suscitado por Rodrigues,[201] que, fundado em Hassemer, denomina como *erro categorial* a tendência dos autores de transportarem as conclusões neurocientíficas para as ciências penais, uma vez que o livre-arbítrio, ponto de investigação comum de ambos os campos, tem significados e implicações distintas para ambos.

A negação do livre-arbítrio procedida pela neurociência não serve à pesquisa em dogmática penal, uma vez que, sem livre-arbítrio, qualquer noção de ação e reprovabilidade perderia o sentido, fazendo desmoronar as bases em que se fundam o Direito Penal contemporâneo. Parece mais acertado, por outro lado, o diagnóstico de Lázaro Guilherme, que, ao comentar sobre a exigibilidade de uma conduta diversa, a situa na análise do caso concreto, com a investigação sobre a possibilidade concreta de um indivíduo desempenhar, "diante dos valores estabelecidos, um comportamento diverso".[202]

Portanto, mesmo com os sérios questionamentos que o modelo atual de livre-arbítrio que fundamenta a culpabilidade finalista sofreu, a autonomia da vontade segue tendo um papel predominante na doutrina finalista, sobretudo com o desenvolvimento da doutrina da exigibilidade de conduta conforme o direito, ambas abarcadas pelo discurso do sistema penal brasileiro. Apesar disso, essa mesma autonomia é o ponto de partida para a crítica e posterior desenvolvimento do paradigma funcionalista em sistemas penais, o que será analisado no tópico a seguir.

4.3 A resposta funcionalista de Claus Roxin

Como usualmente se espera do desenvolvimento de determinado tema na academia, sobretudo no campo das ciências humanas, a posição

---

– Faculdade de Direito da Universidade Federal de Minas Gerais, Belo Horizonte, 2012. p. 63-64.

[201] RODRIGUES, Leonardo Monteiro. *A evolução das teorias da culpabilidade*: do causalismo ao funcionalismo-teleológico. 107f. Dissertação (Mestrado) – Programa de Pós-Graduação em Direito da Pontifícia Universidade Católica de Minas Gerais, Belo Horizonte, 2016. p. 104.

[202] GUILHERME, Lázaro Samuel Gonçalves. *Princípio da coculpabilidade e culpabilidade pela vulnerabilidade*: mecanismos de controle e limitação (correção) da seletividade penal. 144f. Dissertação (Mestrado) – Programa de Pós-Graduação em Direito, Pontifícia Universidade Católica de Minas Gerais, Belo Horizonte, 2017. p. 70.

até então hegemônica do finalismo veio a ser fortemente contestada após o seu estabelecimento como tal. O primeiro formato consolidado de oposição ao finalismo, simbolizado na obra de Claus Roxin, teve como suporte também uma oposição à culpabilidade normativa, tal como desenvolvida por Goldschmidt, Freudenthal e incorporada à doutrina finalista de Welzel, tal como apontam Siqueira[203] e Tangerino.[204]

Davi Tangerino, citado anteriormente, relata que, após a última edição do manual que tornou célebre a obra de Welzel, Roxin estabeleceu um diálogo com a obra do primeiro, começando a delinear um novo formato teórico de sistema penal, opondo-se às bases do finalismo e implicando alterações em alguns de seus fundamentos.[205] Essas ideias encontram-se sintetizadas no livro *Culpabilidad y prevención*, publicado em 1974, e que é tido como responsável pela fundação das principais ideias que motivam o então nascente movimento do funcionalismo penal.

O próprio Roxin[206] introduz sua obra enfrentando as principais insatisfações que nutria pelo sistema finalista: a) o livre-arbítrio, que servia como medida da culpabilidade e da aferição da exigibilidade de uma conduta conforme o direito, que o autor defende ser indemonstrável; b) o caráter retributivo da pena, que, segundo Roxin,[207] gera o risco de julgamentos morais, teológicos e metafísicos, ao se buscar retribuir um mal com outro mal, e; c) que o Direito Penal teria como função principal a prevenção de futuros delitos, e não a retribuição por males causados.

A prevenção enquanto objetivo do sistema penal é ponto fulcral no trabalho de Roxin, que estabelece uma relação íntima entre os elementos da dogmática penal e uma política criminal de prevenção, ocupando esta última uma posição de protagonismo na construção teórica do autor, enquanto o direito penal serviria de instrumento para o alcance dos objetivos político-criminais (daí *funcionalismo*, no sentido de instrumentalizar categorias jurídico-penais em prol da política

---

[203] SIQUEIRA, Leonardo. *Culpabilidade e pena*: a trajetória do conceito material de culpabilidade e suas relações com a medida da pena. Belo Horizonte: Editora D'Plácido, 2016. p. 80.

[204] TANGERINO, Davi de Paiva Costa. *Apreciação crítica dos fundamentos da culpabilidade a partir da criminologia*: contribuições para um Direito penal mais ético. 281 f. Tese (Doutorado) – Universidade de São Paulo, São Paulo, 2009. p. 94.

[205] TANGERINO, Davi de Paiva Costa. *Apreciação crítica dos fundamentos da culpabilidade a partir da criminologia*: contribuições para um Direito penal mais ético. 281 f. Tese (Doutorado) – Universidade de São Paulo, São Paulo, 2009. p. 94.

[206] ROXIN, Claus. *Culpabilidad y prevención en Derecho Penal*. (Trad.: Muñoz Conde). Madrid: Instituto Editorial Reus, 1981. p. 41 e seguintes.

[207] ROXIN, Claus. *Culpabilidad y prevención en Derecho Penal*. (Trad.: Muñoz Conde). Madrid: Instituto Editorial Reus, 1981. p. 42.

criminal, não mais sendo fim em si mesmo). Conforme diagnostica Martins Júnior,[208] a dogmática penal passaria a ser permeada por uma política criminal de promoção de direitos fundamentais, atualizando-se conforme o reconhecimento de novas situações jurídicas relevantes a essa política.

Conforme comumente se aponta na doutrina,[209] Roxin parte de um pressuposto distinto do até então adotado no que diz respeito ao livre-arbítrio. Enquanto autores como Freudenthal, Goldschmidt e Welzel discutiam sobre o grau de reprovação jurídica do indivíduo pretensamente livre que deixava de cumprir com seus deveres jurídicos, bem como os diversos fatores – sobretudo na doutrina de Welzel[210] – que poderiam enfraquecer tal liberdade,[211] Roxin parte do pressuposto da indemonstrabilidade desse livre-arbítrio.

Partindo o autor do pressuposto de ser indiscutível – por pura e simples impossibilidade de se discuti-lo – o grau de liberdade de vontade à disposição do agente, o sistema funcionalista de Roxin propõe uma reedição da culpabilidade enquanto elemento do conceito analítico de crime.

Em oposição ao exercício de uma função paritária aos elementos da tipicidade e antijuridicidade, definidores da conduta como crime, a culpabilidade no sistema funcionalista de Roxin seria rebatizada de *responsabilidade,* e serviria como uma ponte entre a teoria do crime e a teoria da pena, funcionais – instrumentais – à política criminal.

Tangerino[212] comenta, sobre esse ponto, que a fundamentação funcionalista de sempre se remeter à política criminal no momento do exame de uma conduta e posterior aplicação de uma sanção se dá por

---

[208] MARTINS JÚNIOR, Fernando Nogueira. *Vida e morte (e vida) da culpabilidade penal*: contribuição da teoria do delito para um Estado Democrático de Direito. 116f. Dissertação (Mestrado) – Faculdade de Direito da Universidade Federal de Minas Gerais, Belo Horizonte, 2012. p. 98.

[209] Por todos: BUSATO, Paulo César. *Direito penal*: parte geral. 2. ed. São Paulo: Atlas, 2015. p. 541, e TANGERINO, Davi de Paiva Costa. *Apreciação crítica dos fundamentos da culpabilidade a partir da criminologia*: contribuições para um Direito penal mais ético. 281 f. Tese (Doutorado) – Universidade de São Paulo, São Paulo, 2009. p. 96.

[210] WELZEL, Hans. *El nuevo sistema del Derecho penal*: una introducción a la doctrina de la acción finalista. 2. reimp. (Trad. y notas por José Cerezo Mir). Buenos Aires: B de F, 2004. p. 140.

[211] SIQUEIRA, Leonardo. *Culpabilidade e pena*: a trajetória do conceito material de culpabilidade e suas relações com a medida da pena. Belo Horizonte: Editora D'Plácido, 2016. p. 79-81.

[212] TANGERINO, Davi de Paiva Costa. *Apreciação crítica dos fundamentos da culpabilidade a partir da criminologia*: contribuições para um Direito penal mais ético. 281 f. Tese (Doutorado) – Universidade de São Paulo, São Paulo, 2009. p. 98 e seguintes.

meio de dois pontos discursivos: um primeiro, em que se examinaria a inadequação da conduta em tela ao direito (juízos de tipicidade e antijuridicidade), e um segundo, em que se examinaria a necessidade de imposição de pena em vista do cumprimento das necessidades preventivas impostas pela política criminal. Roxin[213] comenta que as causas de exclusão da tipicidade possuem maior relação com os fins da pena do que com a ausência de um delito, uma vez que se verifica, no caso, uma conduta que descumpriu um preceito jurídico e não esteja acobertada por uma causa justificante.

Sendo assim, estando-se diante do fato delituoso em concreto, haveria circunstâncias que tornariam desnecessária a imposição de uma pena, circunstâncias essas de exclusão da responsabilidade – o correspondente à culpabilidade finalista no funcionalismo. Assim, há crime se a conduta é típica e antijurídica, mas, por razões de política criminal, uma pena pode não ser aplicada por não se preencher o requisito da responsabilidade.

A ressignificação da culpabilidade na doutrina funcionalista de Roxin passou por sua substituição no método penal pelo conceito de *responsabilidade*, como já se mencionou. Enquanto a análise da conduta do sujeito e sua adequação ao ordenamento jurídico-penal seria reservada aos dois primeiros momentos desse método, o terceiro momento que, até a culpabilidade normativa/finalista, se ocupava de examinar o poder agir de outro modo do autor, passa, no funcionalismo, a ser operacionalizado de maneira diversa.

Conforme analisa Leonardo Siqueira,[214] Roxin enxerga na concepção do *poder agir de outro modo* um ponto de distanciamento da dogmática penal em relação a problemas de política criminal, que, segundo o autor em comento, também devem fazer parte do sistema de valoração penal por ter substrato na realidade. Lado outro, o funcionalismo muda o foco do exame da exigibilidade de o indivíduo agir conforme o direito, em direção a um foco de prevenção, ligado às teorias da pena e à política criminal, ambos mais próximos entre si.

Siqueira, ilustrando essa proposição, examina a discussão do caso do estado de necessidade exculpante ao olhar de Roxin: enquanto, no sistema normativo de culpabilidade, poderia se tratar de inexigibilidade

---

[213] ROXIN, Claus. *Culpabilidad y prevención en Derecho Penal*. (Trad.: Muñoz Conde). Madrid: Instituto Editorial Reus, 1981. p. 151.

[214] SIQUEIRA, Leonardo. *Culpabilidade e pena*: a trajetória do conceito material de culpabilidade e suas relações com a medida da pena. Belo Horizonte: Editora D'Plácido, 2016. p. 113.

de conduta diversa, no funcionalismo o caso é de não imposição de pena em razão da "desnecessidade preventiva de se aplicar uma pena".[215]

Portanto, a conclusão de Roxin, conforme comentado por Tangerino, é de que "culpável é simplesmente quem poderia submeter-se às expectativas e não o fez. Responsável é o culpável a quem a imposição de pena é funcional, isto é, atende às finalidades de prevenção geral positiva".[216]

E mais: o próprio Roxin, ao comentar sobre os fins que acredita ter o Direito Penal, afirma serem esses os de prevenção de crimes e de ressocialização do delinquente.[217] Ou seja, o autor alemão engloba, enquanto um núcleo irrenunciável de política criminal, as funções, atribuídas à pena, de prevenção geral negativa e positiva, bem como de prevenção especial negativa e positiva, conforme diagnostica Martins Júnior.[218]

Roxin renuncia, como já explicitado, à função retributiva, uma vez que não crê na sistemática da retribuição de um mal com outro mal,[219] preferindo enxergar o conflito penal em um contexto macro, de conflito do indivíduo com a sociedade, e da pena imposta como mecanismo para a dissuasão de outras pessoas que eventualmente poderiam cometer a mesma conduta. Naturalmente, deveria o juiz analisar também se a pena é necessária e suficiente para ressocializar o indivíduo, afastá-lo do conflito e reafirmar os valores sociais lesados pela atitude criminosa. Tudo isso em consonância com os preceitos de política criminal que permeiam todo o funcionamento do sistema penal em questão, uma sofisticada construção teórica que, como veremos mais adiante, tem riscos próprios de operabilidade na prática penal brasileira.

---

[215] SIQUEIRA, Leonardo. *Culpabilidade e pena*: a trajetória do conceito material de culpabilidade e suas relações com a medida da pena. Belo Horizonte: Editora D'Plácido, 2016. p. 113.

[216] TANGERINO, Davi de Paiva Costa. *Apreciação crítica dos fundamentos da culpabilidade a partir da criminologia*: contribuições para um Direito penal mais ético. 281 f. Tese (Doutorado) – Universidade de São Paulo, São Paulo, 2009. p. 98.

[217] ROXIN, Claus. *Culpabilidad y prevención en Derecho Penal*. (Trad.: Muñoz Conde). Madrid: Instituto Editorial Reus, 1981. p. 44.

[218] MARTINS JÚNIOR, Fernando Nogueira. *Vida e morte (e vida) da culpabilidade penal*: contribuição da teoria do delito para um Estado Democrático de Direito. 116f. Dissertação (Mestrado) – Faculdade de Direito da Universidade Federal de Minas Gerais, Belo Horizonte, 2012. p. 100.

[219] ROXIN, Claus. *Culpabilidad y prevención en Derecho Penal*. (Trad.: Muñoz Conde). Madrid: Instituto Editorial Reus, 1981. p. 42.

4.4 A variação sistêmica de Günther Jakobs

Ao se examinar o funcionalismo de Roxin, faz-se necessário perceber como Günther Jakobs, alguns anos depois, propôs nova análise dos fundamentos que tornam a pena funcional. Isso porque os funcionalismos em questão são duas das concepções teóricas que mais ganharam tração junto à academia ao longo dos últimos anos, e podem render importantes subsídios à compreensão do estado da arte da doutrina atual da culpabilidade.[220]

Inicialmente, há o ponto de concordância entre Jakobs e Roxin, exposto por esse segundo: ambos partem do pressuposto de que a pena possui uma função preventiva e, portanto, o Direito Penal deveria assumir para si a concretização dessa função.[221] A divergência entre ambos é a priorização de *qual prevenção* se está falando, e qual o motivo para tal preferência, fundamentada cada qual em seu marco teórico respectivo.

No primeiro ponto, Jakobs claramente prioriza a função de prevenção geral positiva da norma, enquanto Roxin prioriza a prevenção geral negativa (não deixando de contemplar, ainda que *en passant,* as demais). Quanto aos motivos, Roxin, por entender o Direito Penal como um mecanismo de proteção de bens jurídicos, visualiza uma política criminal de contenção do crime e reforço dos direitos fundamentais. Jakobs, por sua vez, motivado pela teoria dos sistemas de Luhmann, acredita no Direito Penal enquanto uma força de reafirmação do valor rompido com a prática do crime. Essa proposição será analisada mais detidamente a seguir.

O motivo pelo qual a proposição de Jakobs é denominada *funcionalismo sistêmico* deriva da proximidade entre sua fundamentação e a teoria dos sistemas de Niklas Luhmann, no âmbito da sociologia. Jakobs, com a visão de funcionalismo que propõe, acaba por estender um braço da teoria dos sistemas de Luhmann, ao investigar as consequências das tensões ocorridas dentro do direito (especialmente o penal) enquanto sistema.[222]

---

[220] Vide o diálogo entre o próprio Roxin e Jakobs na obra do primeiro, *Culpabilidad y prevención.* (ROXIN, Claus. *Culpabilidad y prevención en Derecho Penal.* (Trad.: Muñoz Conde). Madrid: Instituto Editorial Reus, 1981).

[221] ROXIN, Claus. *Culpabilidad y prevención en Derecho Penal.* (Trad.: Muñoz Conde). Madrid: Instituto Editorial Reus, 1981. p. 150.

[222] DALLA-ROSA, Juliana Fröhner. *Tendências do Direito Penal contemporâneo:* uma análise das funções e dos limites do Direito Penal a partir de Ferrajoli e Jakobs. 183f. Dissertação (Mestrado). Universidade Federal do Paraná, Curitiba, 2008. p. 126.

Tangerino[223] aponta a gênese do pensamento de Jakobs na obra de Santiago Mir-Puig, na qual, ao se questionar sobre o futuro do Direito Penal após a crise da noção de livre-arbítrio e, consequentemente, de reprovação enquanto conceito finalista, acaba por concordar com Roxin – seu predecessor na doutrina funcionalista – sobre a função mormente preventiva do sistema penal.

Tendo em vista a finalidade preventiva, Mir Puig[224] concebe e passa a fundamentar um Direito Penal instrumentalizado para o fortalecimento dos valores contidos nas proibições normativas, supondo que a internalização dessas normas pela sociedade em geral, por meio da punição de outros, seria o mecanismo preventivo ideal.

Jakobs, conforme analisa Tangerino,[225] adota esse posicionamento e expande sua fundamentação na teoria dos sistemas de Luhmann.

O autor se vale da compreensão da sociedade enquanto uma série de sistemas interrelacionados, sendo um deles o direito. Enquanto um sistema, o direito impõe aos membros do corpo social uma série de expectativas normatizadas, com vistas à manutenção desse sistema, e, estando este íntegro, a sociedade permanece íntegra.

A prática de um crime, lado outro, é o que se denomina na doutrina sistêmica de *frustração de expectativa normativa*, o que, por sua vez, chama por uma *reação contrafática de sua reafirmação*. Essa reação vem para reforçar o valor protegido pela norma – a expectativa – e tende a prevenir que novas tensões se estabeleçam dentro do sistema, visando à preservação de sua integridade.[226]

Jakobs chega a essa fórmula ao concluir, divergindo de Roxin, que partir de uma concepção de culpabilidade como limite da necessidade preventiva poderia gerar uma espécie de situação em que a pena efetivamente imposta se vê aquém da necessidade preventiva

---

[223] TANGERINO, Davi de Paiva Costa. *Apreciação crítica dos fundamentos da culpabilidade a partir da criminologia*: contribuições para um Direito penal mais ético. 281f. Tese (Doutorado) – Universidade de São Paulo, São Paulo, 2009. p. 105.

[224] PUIG, Mir *apud* TANGERINO, Davi de Paiva Costa. *Apreciação crítica dos fundamentos da culpabilidade a partir da criminologia*: contribuições para um Direito penal mais ético. 281f. Tese (Doutorado) – Universidade de São Paulo, São Paulo, 2009. p. 106.

[225] PUIG, Mir *apud* TANGERINO, Davi de Paiva Costa. *Apreciação crítica dos fundamentos da culpabilidade a partir da criminologia*: contribuições para um Direito penal mais ético. 281f. Tese (Doutorado) – Universidade de São Paulo, São Paulo, 2009. p. 106.

[226] BUSATO, Paulo César. *Direito penal*: parte geral. 2. ed. São Paulo: Atlas, 2015. p. 543.

exigida pelo caso, diante da tensão imposta ao sistema.[227] Portanto, se Roxin já distanciava, de certa forma, aplicação da norma e indivíduo, valorizando mais a necessidade preventiva do que a reprovação pessoal do autor, Jakobs opera um distanciamento ainda maior, localizando na culpabilidade a necessidade de prevenção geral positiva.

Tangerino transcreve passagem da obra de Jakobs *Schuld und prävention* ("Culpa e prevenção") em que essa proposição se vê sintetizada, explicitando que "comportamento completamente delitivo, isto é, culpável, só se dá quando, para a estabilização da perturbação afirma-se a responsabilidade do autor em evitá-la e confirma-se a correção da confiança na norma".[228] Em outras palavras, a culpabilidade se verifica quando for funcional (necessária) à restituição da força da norma que o autor do crime seja punido.

É visível aí a opção argumentativa de Jakobs sobre a necessidade preventiva como o espaço de delimitação da culpabilidade individual, opção essa na qual discorda de Roxin.

A título de comentário, Busato[229] encontra na obra de Jakobs referências a elementos tradicionais de fundamentação da culpabilidade normativa/finalista, tais como a consciência potencial da ilicitude e a inexigibilidade de conduta diversa, uma vez que não pode ser tornado responsável pela violação da norma um sujeito que não sabia está-la violando, ou que se visse impelido por uma situação de excepcional pressão. O núcleo de compreensão da culpabilidade funcional-sistêmica, no entanto, segue sendo o ideal preventivo, sendo apenas temperado por essas outras circunstâncias quando de sua gradação.

4.5 As dificuldades de se trabalhar com o funcionalismo no Brasil

O tópico atual se propõe a abordar alguns pontos problemáticos que a doutrina funcionalista pode encontrar ao ser hipoteticamente adotada como sistema em território nacional, considerando especialmente

---

[227] TANGERINO, Davi de Paiva Costa. *Apreciação crítica dos fundamentos da culpabilidade a partir da criminologia*: contribuições para um Direito penal mais ético. 281 f. Tese (Doutorado) – Universidade de São Paulo, São Paulo, 2009. p. 108.

[228] TANGERINO, Davi de Paiva Costa. *Apreciação crítica dos fundamentos da culpabilidade a partir da criminologia*: contribuições para um Direito penal mais ético. 281 f. Tese (Doutorado) – Universidade de São Paulo, São Paulo, 2009. p. 108.

[229] BUSATO, Paulo César. *Direito penal*: parte geral. 2. ed. São Paulo: Atlas, 2015. p. 544.

as peculiaridades do ambiente em que se veria aplicada. As críticas se dividem em três aspectos: a dissonância entre discurso e aplicação da lei no Brasil; o entrave em se verificar um efetivo caráter preventivo em uma política penal; e, por fim, o desejável compromisso redutor que poderia se ver colocado em segundo plano.

4.5.1 O abismo entre discurso e prática

O presente trabalho define seu compromisso, desde o momento inicial, de filtrar suas análises e conclusões para a realidade concreta do prático do Direito brasileiro, para preservar sua utilidade pragmática em território nacional. Assim, de modo a construir uma ordem lógica de ideias que cumpra com esse objetivo, isso exclui metodologicamente argumentar no sentido de proposições políticas (como, por exemplo, mudar a política criminal vigente, operar uma mudança substancial na legislação penal, ou mesmo abolir o sistema penal), bem como proposições jurídicas que não sejam adequadas para a realidade brasileira.

Deve-se relembrar que o Brasil, seguindo uma tradição absolutamente indesejável vigente na América Latina, é permeado por uma realidade política distanciada do discurso que a fundamenta. São as situações que, por exemplo, Salo de Carvalho[230] define como a inversão ideológica no campo da garantia de direitos; Vera Andrade[231] denomina de *garantismo prisioneiro;* e Zaffaroni *et al.,*[232] tratam como a distinção presente entre as categorias *Direito Penal* (lei) e *poder punitivo* (realidade).

O que esses autores defendem, em um núcleo comum de ideias, é que a América Latina executa, concretamente, um poder punitivo tendente a excessos e à exclusão social, e, em sendo um dado da realidade, se vê distanciado do discurso pregado na lei.

Esse discurso, por outro lado, tende a justificar somente a racionalidade interna da dogmática penal. Geralmente fundado por princípios como a igualdade universal na distribuição de sanções, a necessidade de se tutelar bens jurídicos de maneira razoável por meio da incriminação de condutas, e a prevenção por meio de uma quantidade

---

[230] CARVALHO, Salo de. *Antimanual de criminologia.* 4. ed. Rio de Janeiro: Lumen Juris, 2011. p. 111.

[231] ANDRADE, Vera Regina Pereira de. *Pelas mãos da criminologia*: o controle penal para além da (des)ilusão. Rio de Janeiro: Revan, 2012. p. 209.

[232] ALAGIA, Alejandro; SLOKAR, Alejandro; ZAFFARONI, Eugenio Raúl. *Derecho penal*: parte general. 2. ed. Buenos Aires: Ediar, 2002. p. 3.

X de pena atribuída a cada conduta, esse discurso se vê utilizado como um manto para acobertar arbitrariedades cometidas por autoridades sob o pretexto de ver concretizado esse poder punitivo antidemocrático.

Como Carvalho[233] analisa, o poder punitivo do Estado intervencionista atual, de natureza *eficientista*,[234] não raro emprega leis impregnadas de termos vagos, de interpretação fluida, para encaixar o máximo de fatos concretos em alguma categoria de repressão: desde a *ordem pública* que fundamenta uma prisão preventiva desnecessária, até as circunstâncias judiciais de livre apreciação do artigo 59 do Código Penal, como personalidade e culpabilidade do agente.

Dentre o espectro de interpretações possíveis, se um desses termos abertos acaba por assumir uma conotação prejudicial ao agente no caso, isso sempre ocorre acompanhado de uma argumentação perfeitamente adequada ao discurso jurídico – e não raro poderia vir acompanhada de uma argumentação, ainda jurídica, que pendesse para o outro lado, tamanha a fluidez conceitual em questão. Conforme frisa Siqueira,[235] o discurso jurídico não apresenta caráter informativo como as ciências naturais apresentam, mas persuasivo. Ou seja, de algumas categorias jurídicas podem surgir análises, também jurídicas, acertadas para um lado ou para o outro. Daí advêm os conhecidos conflitos entre princípios que embasam os *hard cases*, e que, na realidade do dia a dia, em regra são decididos conforme os interesses repressivos hegemônicos.

Sendo assim, para se importar à realidade brasileira uma proposição teórica que impacte na prática jurídica ao remeter uma decisão judicial a um objetivo político ou a algum substrato de realidade, antes é necessário submeter essa proposta ao filtro da conclusão exposta anteriormente: o exercício da política criminal brasileira tende a excessos ilegítimos. Expressamente referenciar e instrumentalizar o direito a tal política como fundamento para uma decisão judicial em matéria penal, ou para a gradação de uma pena, é criar um fundado risco de que tal decisão tenda a legitimar mais um excesso do sistema penal.

---

[233] CARVALHO, Salo de. *Antimanual de criminologia*. 4. ed. Rio de Janeiro: Lumen Juris, 2011. p. 112.

[234] Termo utilizado sobretudo por Vera Andrade como uma doutrina político-criminal que se aproxima dos postulados da Lei e Ordem, que, conforme descritos no capítulo 2, centraliza a prisão como método de controle social e coloca em segundo plano as garantias de proteção ao indivíduo contra as arbitrariedades do Estado.

[235] SIQUEIRA, Leonardo. *Culpabilidade e pena*: a trajetória do conceito material de culpabilidade e suas relações com a medida da pena. Belo Horizonte: Editora D'Plácido, 2016. p. 112.

CAPÍTULO 4
O CAMINHO À VULNERABILIDADE | 83

Esse é o principal problema que se mostra ao considerarmos a aplicação da solução funcionalista no contexto nacional, ou mesmo latino-americano: em que pese ser um sistema penal que contém alguns dos mais modernos mecanismos jurídicos de limitação de responsabilidade penal – por exemplo, a imputação objetiva e a autoria como domínio do fato – o núcleo interpretativo funcionalista busca sempre fazer referência à política criminal preventiva, priorizando o caráter do conflito penal como uma engrenagem na máquina da prevenção geral, ofuscando o conflito entre indivíduos resolvido no processo, com um dano real causado. Mais um dano se soma, perpetrado pelo Estado, se uma pena ilegítima for aplicada.

O exemplo paradigmático dessa situação é fornecido por Alaor Leite,[236] ao comentar sobre a apropriação da categoria do *domínio do fato* no caso Mensalão, Ação Penal 470, que tramitou no Supremo Tribunal Federal.

A autoria como domínio do fato, doutrina tornada dominante no Direito Penal europeu graças à obra de Roxin, e componente também do sistema funcionalista, teria como objetivo limitar radicalmente a atribuição da autoria de um fato típico,[237] sobretudo em hipóteses de autoria mediata, em que há figuras de autor e mandante. Enquanto a doutrina original do domínio do fato, ao postular o *domínio de organização*, buscava reduzir as hipóteses em que o líder de uma organização hierárquica responderia como mandante de um crime praticado por seus subalternos, a interpretação dada pelo Tribunal brasileiro foi diversa.

No domínio do fato brasileiro, estende-se a punição a praticamente qualquer líder de organização, com fundamento em um suposto dever de controle que o gestor deve ter sobre todas as atividades desempenhadas pelos membros dessa organização. O domínio de organização, assim, acabou sendo utilizado como um manto argumentativo para se ampliar o alcance das punições determinadas no caso.[238]

---

[236] LEITE, Alaor. Domínio do fato, domínio da organização e responsabilidade penal por fatos de terceiros. Os conceitos de autor e partícipe na AP nº 470 do Supremo Tribunal Federal. *In*: GRECO, Luís *et al.* (Orgs.). *Autoria como domínio do fato*: estudos introdutórios sobre o concurso de pessoas no Direito Penal brasileiro. São Paulo: Marcial Pons, 2014. p. 130 e seguintes.

[237] LEITE, Alaor. Domínio do fato, domínio da organização e responsabilidade penal por fatos de terceiros. Os conceitos de autor e partícipe na AP nº 470 do Supremo Tribunal Federal. *In*: GRECO, Luís *et al.* (Orgs.). *Autoria como domínio do fato*: estudos introdutórios sobre o concurso de pessoas no Direito Penal brasileiro. São Paulo: Marcial Pons, 2014. p. 132.

[238] LEITE, Alaor. Domínio do fato, domínio da organização e responsabilidade penal por fatos de terceiros. Os conceitos de autor e partícipe na AP nº 470 do Supremo Tribunal Federal.

4.5.2 Os sérios limites da prevenção

O fim preventivo resistiu ao longo da história recente do desenvolvimento da dogmática como um argumento razoável a justificar a existência do Direito Penal e a conferir-lhe uma função positiva, que fosse além da mera imposição de um mal a um indivíduo, ou, no sentido que argumenta Ferrajoli,[239] uma mera vingança pública que aproximaria o Estado da justiça sumária pré-moderna das vinganças privadas.

Como já se comentou, o sistema funcionalista tende a buscar o fundamento de validade de seus componentes em uma política criminal preventiva, utilizando o exercício concreto do poder de punir como um mecanismo de dissuasão à prática de crimes: seja pela coação psicológica operada pela prevenção geral negativa, seja pelo fortalecimento da lealdade no sistema proposto pela prevenção geral positiva.

Cita-se novamente Ferrajoli para apontar a crítica aos entraves encontrados pela doutrina da prevenção geral positiva, sobretudo a proposta por Jakobs.

Luigi Ferrajoli[240] desenvolve sua argumentação a respeito da finalidade preventiva que ele próprio atribui à pena, examinando as espécies de prevenção cunhadas pela dogmática, e quais delas seriam ou não compatíveis com os preceitos do sistema garantista. Segundo o autor, a prevenção geral positiva sofreria de uma incompatibilidade dessa sorte, uma vez que se funda em uma confusão entre direito e moral.

Mais especificamente, a crítica é centrada no emprego dos mecanismos jurídicos com as finalidades: a) mediata de incutir na sociedade a fidelidade ao sistema a partir da imposição da pena a um indivíduo criminoso; b) imediata de prevenir a ocorrência de novos delitos em razão dessa fidelidade. Ferrajoli aponta a tendência que essa espécie de discurso tem de se solidarizar com "modelos de direito penal máximo e ilimitado, programaticamente indiferentes à tutela dos direitos da pessoa",[241] reduzindo o indivíduo à condição de subsistema físico-psíquico e olvidando-se da dignidade característica do ser humano.

In: GRECO, Luís *et al.* (Orgs.). *Autoria como domínio do fato*: estudos introdutórios sobre o concurso de pessoas no Direito Penal brasileiro. São Paulo: Marcial Pons, 2014. p. 145.

[239] FERRAJOLI, Luigi. *Direito e razão*: teoria do garantismo penal. 4. ed. São Paulo: Revista dos Tribunais, 2014. p. 310.

[240] FERRAJOLI, Luigi. *Direito e razão*: teoria do garantismo penal. 4. ed. São Paulo: Revista dos Tribunais, 2014. p. 256.

[241] FERRAJOLI, Luigi. *Direito e razão*: teoria do garantismo penal. 4. ed. São Paulo: Revista dos Tribunais, 2014. p. 256.

Esse é o viés predominante das críticas feitas à formulação funcionalista de Jakobs. Leonardo Siqueira[242] discute o traço de autoritarismo da posição do autor, que substitui o conteúdo formal da culpabilidade enquanto reprovação pelo conteúdo mesmo da prevenção geral positiva. Argumenta ser insustentável a noção de uma fidelidade, reforçada pelo direito, a um único conjunto de valores positivados.

Além da suposição quanto à superioridade desse conjunto de valores acobertados pelas normas, Busato comenta que Jakobs "peca do falso pressuposto de igualdade de todos perante a norma",[243] ou seja, a falsa premissa de que todos os indivíduos são capazes de conhecer a norma e se dirigir, em circunstâncias iguais, a seu cumprimento.

Juliana Fröhner Dalla-Rosa[244] ressalta a tendência do funcionalismo sistêmico de mudar o foco da norma penal, que tradicionalmente serviria para a proteção do indivíduo, tornando-a um instrumento de proteção ao sistema. Soma-se o argumento de Thaísa Bernhardt Ribeiro que denota a tendência de um poder punitivo – fundado no modelo que legitima punições exemplares em prol do reforço do sistema normativo – de produzir uma "hiperresponsabilização do sujeito ativo por razões de insegurança social".[245]

Essa última crítica é comum a ambas as vertentes do funcionalismo abordadas, o que também inclui o funcionalismo teleológico de Roxin.

Davi Tangerino reúne críticas tanto ao funcionalismo teleológico quanto ao funcionalismo sistêmico, tendo elas como ponto em comum o esvaziamento da culpabilidade. O autor cita, em um primeiro momento,[246] Schünemann e Hassemer como contrários a uma culpabilidade esvaziada de sentido, praticamente confundida com a finalidade preventiva da pena, uma vez que acaba por deixar de lado a dimensão limitadora e garantidora que a culpabilidade deve, em última instância, desempenhar. Uma culpabilidade esvaziada de um

---

[242] SIQUEIRA, Leonardo. *Culpabilidade e pena*: a trajetória do conceito material de culpabilidade e suas relações com a medida da pena. Belo Horizonte: Editora D'Plácido, 2016. p. 127.

[243] BUSATO, Paulo César. *Direito penal*: parte geral. 2. ed. São Paulo: Atlas, 2015. p. 545.

[244] DALLA-ROSA, Juliana Fröhner. *Tendências do Direito Penal contemporâneo*: uma análise das funções e dos limites do Direito Penal a partir de Ferrajoli e Jakobs. 183f. Dissertação (Mestrado). Universidade Federal do Paraná, Curitiba, 2008. p. 126.

[245] RIBEIRO, Thaísa Bernhardt. *Culpabilidade e função*: análise crítica da teoria da culpabilidade na obra de Günther Jakobs. 284f. Dissertação (Mestrado) – Universidade de São Paulo, São Paulo, 2014. p. 43.

[246] TANGERINO, Davi de Paiva Costa. *Apreciação crítica dos fundamentos da culpabilidade a partir da criminologia*: contribuições para um Direito penal mais ético. 281f. Tese (Doutorado) – Universidade de São Paulo, São Paulo, 2009. p. 104.

conteúdo material também em Jakobs, como reconhece Tangerino,[247] tende à mesma falta de limites.

Ferrajoli,[248] reconhecendo o paradigma funcionalista e divergindo dele, retoma a fórmula contemporânea ao finalismo: culpabilidade é um princípio ínsito à teoria do crime, além de um dos elementos do crime considerado analiticamente, que visa a avaliar, juridicamente, a reprovabilidade da conduta de um indivíduo em um caso específico; prevenção é um dos fins da pena, o qual delineia a *pena mínima* em abstrato para um determinado crime de modo que coaja a sociedade a não praticá-lo, sob a ameaça de sanção, consequentemente evitando as vinganças privadas advindas de vítimas desses crimes.

Agora, para além de uma justificativa autorreferencial sobre a insuficiência da prevenção como um critério de definição da culpabilidade – a indagação sobre a compatibilidade entre a centralidade do ideal preventivo e os postulados do sistema da dogmática penal – é necessário abordar um dado da realidade e como a doutrina se porta a respeito: por que na sociedade se continua a cometer tantos crimes, mesmo com a tipificação de novas condutas como delitos, ou mesmo com o aumento das penas em abstrato de crimes já existentes?

Zaffaroni *et al.*,[249] ao começar por preparar a base conceitual sobre a qual vem a erigir sua teoria agnóstica da pena, discute sobre a indemonstrabilidade de uma efetiva prevenção geral negativa. O autor argumenta que pode ocorrer, com a ameaça da pena, que alguma pessoa ou outra se veja dissuadida de cometer um crime menos grave que houvesse planejado, mas que essa ameaça de forma alguma dissuade autores de delitos de maior impacto, como pessoas *invulneráveis* ao alcance do sistema penal ao cometerem seus crimes de colarinho branco, terroristas motivados pelo fanatismo ideológico, administradores do crime organizado motivados por elevados ganhos patrimoniais, motivações patológicas ou até mesmo a efemeridade ou inalcançabilidade de uma motivação, como o autor de um estupro ou

---

[247] TANGERINO, Davi de Paiva Costa. *Apreciação crítica dos fundamentos da culpabilidade a partir da criminologia*: contribuições para um Direito penal mais ético. 281f. Tese (Doutorado) – Universidade de São Paulo, São Paulo, 2009. p. 107.

[248] FERRAJOLI, Luigi. *Direito e razão*: teoria do garantismo penal. 4. ed. São Paulo: Revista dos Tribunais, 2014. p. 259.

[249] ALAGIA, Alejandro; SLOKAR, Alejandro; ZAFFARONI, Eugenio Raúl. *Derecho penal*: parte general. 2. ed. Buenos Aires: Ediar, 2002. p. 58.

CAPÍTULO 4
O CAMINHO À VULNERABILIDADE | 87

de um homicídio doloso em condições de ânimos excepcionalmente exaltados.

Sendo assim, afirma o autor argentino[250] que o caso excepcional do indivíduo que porventura deixa de praticar um crime, por refletir sobre a consequência negativa da pena (custo-benefício), não pode ser tomado como regra e teorizado como um dogma inquestionável, um objetivo central do Direito Penal e da política criminal. Isso porque, independentemente da norma penal, os crimes ainda ocorrem. Nessa ordem de ideias, a consequência lógica da constatada insuficiência da coação psicológica da pena em abstrato é o incremento generalizado, progressivo, dos mecanismos de punição.

Zaffaroni[251] discute, nesse ponto, que a motivação mais forte para que um ser humano não cometa um crime advém de normas de matriz ética e social – a verdadeira prevenção geral negativa – e que não compete ao Direito Penal se imiscuir nesse discurso, nem seria possível que o fizesse (o insucesso da prevenção geral negativa reforça as ideias do autor).

As conclusões de Zaffaroni comentadas anteriormente podem ser ilustradas pela pesquisa de Alfonso Maíllo,[252] cujo substrato é predominantemente empírico e sociológico. O autor, ao investigar a hipótese da escolha racional como justificativa do cometimento de delitos, apresenta pesquisas a respeito da eficácia de diferentes métodos na prevenção de delitos.

Maíllo comenta sobre estudos que visavam a avaliar a impressão de sujeitos a respeito da severidade de penas, e sua influência como efeito dissuasivo do cometimento de crimes para a população que está sujeita a elas. Apresenta, em um dos resultados colhidos,[253] que é mais persuasiva a certeza da aplicação da pena, do que sua severidade em abstrato, para a decisão de um indivíduo em cometer ou não um crime.

Comenta, em outro ponto,[254] sobre o potencial efeito criminógeno e autoritário que uma política criminal centrada em endurecer penas

---

[250] ALAGIA, Alejandro; SLOKAR, Alejandro; ZAFFARONI, Eugenio Raúl. *Derecho penal*: parte general. 2. ed. Buenos Aires: Ediar, 2002. p. 58.

[251] ALAGIA, Alejandro; SLOKAR, Alejandro; ZAFFARONI, Eugenio Raúl. *Derecho penal*: parte general. 2. ed. Buenos Aires: Ediar, 2002. p. 58.

[252] MAÍLLO, Alfonso Serrano. *Introducción a la Criminología*. 4. ed. Madrid: Dykinson, 2006.

[253] MAÍLLO, Alfonso Serrano. *Introducción a la Criminología*. 4. ed. Madrid: Dykinson, 2006. p. 273.

[254] MAÍLLO, Alfonso Serrano. *Introducción a la Criminología*. 4. ed. Madrid: Dykinson, 2006. p. 278.

pode gerar no corpo social, uma vez que sua eficácia em prevenir o delito é indemonstrável, e sua tendência em manter indivíduos no cárcere por mais tempo os torna mais próximos da delinquência. É sempre válido recordar a já batida história de que tanto o Comando Vermelho (CV) quanto o Primeiro Comando da Capital (PCC) nasceram e seguem se fortalecendo graças à organização da população carcerária em associações criminosas de altíssima complexidade.

Um outro tópico de destaque é um possível diálogo que se pode estabelecer entre a indeterminação das motivações de um indivíduo para cometer o crime e, portanto, a insuficiência da simples coação psicológica da pena, conforme apresentam, em sintonia, Zaffaroni et al.,[255] e Maíllo.[256] O segundo, em ponto de referência de seu texto, comenta uma pesquisa que investiga um senso comum adotado pela dogmática (senso comum teórico dos juristas, na expressão *zaffaroniana*): o de que o autor de um crime, ao planejar a execução de seu ato, efetua um meticuloso cálculo de custo-benefício em que coloca na balança os benefícios potenciais da conduta de um lado, e, de outro, os riscos e as consequências de um cenário de falha, à moda do ator racional, que aproxima o criminoso da figura de um operador da bolsa de valores. Conforme menciono no início deste trabalho, esse conjunto de ideias ganha força com a ascensão da política criminal neoliberal, fortemente centralizada na responsabilidade individual e temperada por todo aquele discurso emocionalmente carregado de antagonismo contra a figura do criminoso.

Maíllo[257] se sustenta em trabalhos de campo para demonstrar a complexidade dessa questão, incluindo na análise outras variáveis que distanciam a pena de um efetivo ideal preventivo, como a experiência do autor que já praticou vários crimes e nunca foi pego; ou do criminoso com mentalidade de um apostador/jogador que pode se sentir sortudo antes de praticar um crime; ou que acredita que a vez em que praticou a infração e foi pego foi um momento de azar, vindo a reincidir por acreditar que agora vai ter sorte, dentre outros cenários possíveis.[258]

---

[255] ALAGIA, Alejandro; SLOKAR, Alejandro; ZAFFARONI, Eugenio Raúl. *Derecho penal*: parte general. 2. ed. Buenos Aires: Ediar, 2002. p. 58.

[256] MAÍLLO, Alfonso Serrano. *Introducción a la Criminología*. 4. ed. Madrid: Dykinson, 2006. p. 273.

[257] MAÍLLO, Alfonso Serrano. *Introducción a la Criminología*. 4. ed. Madrid: Dykinson, 2006. p. 273.

[258] MAÍLLO, Alfonso Serrano. *Introducción a la Criminología*. 4. ed. Madrid: Dykinson, 2006. p. 281.

Ainda mais complicações há nessa doutrina, conforme se extrai de um artigo de Jock Young,[259] em que o autor visa a propor um diálogo entre as obras dos criminólogos Robert Merton e Jack Katz, o primeiro crente em uma estrutura social que determina, de certo modo, o comportamento delitivo de sujeito, e o segundo que argumenta a favor das pulsões e energias individuais como principais fatores na prática do crime.

O que se extrai da argumentação de todos os autores citados (Zaffaroni, Maíllo e Young) é a insuficiência do discurso penal em pretender ser, de alguma forma, como a principal ou a única instância preventiva da prática de crimes. Isso porque as fontes mais eficientes de uma verdadeira prevenção são normas éticas e sociais,[260] ou sanções informais.[261]

Nesse cenário, acaba por ocorrer uma deturpação de finalidades do Direito Penal, que assume para si o papel de prevenir delitos, tanto em uma frente legislativa, ao tipificar condutas delitivas ou aumentar penas a condutas típicas, quanto em uma frente judicial, ao adotar posicionamentos judiciais mais rígidos e distantes das garantias individuais. Essa rigidez passa a ser um filtro interpretativo quanto a categorias da dogmática penal, além das regras e garantias processuais, para que se possa justificar o atendimento à prioritária função preventiva. E tudo isso ocorre sob o falso pretexto de que se estará prevenindo novas ocorrências delitivas.

Por último, mas não menos importante, a prevenção geral positiva que anima a doutrina do funcionalismo sistêmico de Jakobs sofre de semelhante problema – indemonstrabilidade concreta da prevenção – mas em uma gravidade ainda maior. Relembre-se as críticas de Leonardo Siqueira, Thaísa Dalla-Rosa e Luigi Ferrajoli sobre a utilização do indivíduo punido como exemplo em prol do fortalecimento do sistema normativo, tensionado (o sistema) a partir do cometimento de um crime por esse indivíduo.

---

[259] YOUNG, Jock. La energía en merton, la estructura em katz: la sociología de la represión y la criminología de la trasgresión. *Revista Anthropos*, Barcelona, n. 204, p. 167-175, 2004.

[260] ALAGIA, Alejandro; SLOKAR, Alejandro; ZAFFARONI, Eugenio Raúl. *Derecho penal*: parte general. 2. ed. Buenos Aires: Ediar, 2002. p. 58.

[261] MAÍLLO, Alfonso Serrano. *Introducción a la Criminología*. 4. ed. Madrid: Dykinson, 2006. p. 264.

Zaffaroni[262] acrescenta sua crítica a esse modelo, ao mencionar que a necessidade de normalização das expectativas normativas, que o paradigma funcionalista sistêmico presume, leva a um emprego desmedido do poder punitivo para o cumprimento desse objetivo. Tende, assim, a legitimar a construção de um Estado absolutamente bélico e vigilante, que tampouco contribui para um cenário de valores sociais reforçados no corpo social e, como consequência, tampouco contribui para o objetivo preventivo idealizado. O cinismo e pessimismo que animam a visão latino-americana sobre o poder punitivo e sua tendência a excessos impede de enxergar com bons olhos um sistema penal que não seja funcionalizado a qualquer finalidade que não seja a proteção dos direitos e garantias do acusado.

Portanto, tão hipotética quanto o funcionamento regular do modelo preventivo geral positivo é a imagem do Estado apto a reforçar o funcionamento desse modelo. Ainda que fosse uma hipótese provável, não seria minimamente desejável.

4.5.3 A necessidade redutora

A culpabilidade, enquanto componente da estrutura analítica do crime, além do rol de princípios limitadores da intervenção penal, se submete à lógica orientadora de proteção do indivíduo contra um poder punitivo que existe concretamente e que tende a excessos e violências.

Essa é a ideia que motiva a não reprovação de um indivíduo inimputável, ou que desconheça a ilicitude de seu ato, ou mesmo que tenha sido impelido a agir por uma situação de pressão tamanha que o cumprimento da norma deixa de ser-lhe exigível. A reprovabilidade de uma ação já inicialmente reprovável, pelo fato de ser típica e antijurídica, deve ser temperada pela consideração da relação do autor com o fato, sobretudo considerando-se circunstâncias excepcionais que tornem menos vinculante o dever de cumprimento da norma.

Por mais que não tenha sido essa a ideia que animou as primeiras formulações da culpabilidade,[263] é esse o pano de fundo majoritário na

---

[262] ALAGIA, Alejandro; SLOKAR, Alejandro; ZAFFARONI, Eugenio Raúl. *Derecho penal*: parte general. 2. ed. Buenos Aires: Ediar, 2002. p. 62.

[263] Veja-se, por exemplo, Frank, que idealizou a categoria da culpabilidade como um meio de se valorar uma conduta como mais grave ou menos grave a depender da situação pessoal e social do autor, e de sua possibilidade concreta de cumprir com os deveres normativos.

dogmática penal minimalista, predominante atualmente (ao menos na academia), sobretudo em território latino-americano.

A preocupação que surge a partir desse raciocínio consiste na não verificação do compromisso reducionista nas propostas de culpabilidade do funcionalismo de Roxin e de Jakobs, que, conforme Tangerino[264] aponta, muito mais se encarregam de buscar uma pena útil – funcional – ao sistema, do que uma pena justa ao indivíduo.

A crítica sobre o esvaziamento de um conteúdo material da culpabilidade e substituição pela necessidade preventiva é pertinente e merece ser salientada, uma vez que é frontalmente oposta à proteção do indivíduo objetivada pela dogmática penal tradicional, lugar esse que passa a ser ocupado por uma razão de Estado com limites muito pouco definidos.

Em resposta a isso, o tópico seguinte se ocupará da culpabilidade pela vulnerabilidade, uma linha teórica expressamente dedicada à limitação do alcance do poder punitivo centrada em uma operacionalização crítica da culpabilidade. Não se deixará, na oportunidade, de enaltecer a necessidade redutora de um sistema penal com algum compromisso democrático, já que esse compromisso é constantemente o objetivo do modelo funcionalista redutor, dentro do qual se desenvolve a culpabilidade pela vulnerabilidade.

4.6 A culpabilidade pela vulnerabilidade: consciência marginal e reprovação pelo esforço pessoal

A culpabilidade pela vulnerabilidade, como modelo teórico de Eugenio Raúl Zaffaroni, merece a devida contextualização antes que se discorra sobre ela, propriamente.

Martins Júnior[265] ressalta que tanto a proposta em comento quanto outras surgidas no seio da obra de Zaffaroni integram um sistema de *funcionalismo redutor*, o qual propõe uma série de filtros teóricos pelos quais deve passar o poder punitivo que pretenda se efetivar democrático.

---

[264] TANGERINO, Davi de Paiva Costa. *Apreciação crítica dos fundamentos da culpabilidade a partir da criminologia*: contribuições para um Direito penal mais ético. 281f. Tese (Doutorado) – Universidade de São Paulo, São Paulo, 2009. p. 112.

[265] MARTINS JÚNIOR, Fernando Nogueira. *Vida e morte (e vida) da culpabilidade penal*: contribuição da teoria do delito para um Estado Democrático de Direito. 116f. Dissertação (Mestrado) – Faculdade de Direito da Universidade Federal de Minas Gerais, Belo Horizonte, 2012. p. 102.

Desenvolvida paradigmaticamente na obra *Em busca das penas perdidas*, a culpabilidade pela vulnerabilidade vem como uma resposta estratégica de contenção de um poder punitivo que tende à violência e à ilegalidade. Partindo do mesmo fundamento que também deu base à formulação da teoria agnóstica da pena, mais bem explicitada em seu *Derecho penal: parte general*, em coautoria com Alejandro Alagia e Alejandro Slokar (publicado no Brasil em conjunto, ainda, com Nilo Batista), ambas as teorias mostram as contribuições mais significativas e bem acabadas de Zaffaroni à dogmática penal, para além de vários outros aportes valiosos desenvolvidos no contexto da criminologia latino-americana.

O contexto de desenvolvimento dessas proposições já foi analisado no capítulo 2: Zaffaroni nos momentos iniciais de seu *Em busca das penas perdidas* cuida de apresentar os principais problemas dos quais sofre o sistema punitivo latino-americano, em uma análise predominantemente criminológica. Analisa, sobretudo, como o discurso jurídico se vê deturpado pela corriqueira legitimação de ilegalidades cometidas pelo sistema. Apesar do potencial e da promessa desse sistema de produzir segurança jurídica e decisões democráticas, em regra ele se vê utilizado para legitimar um poder punitivo que estruturalmente convive com mortes, corrupção, privações de liberdade injustas e outras violências.[266]

Dessa forma, a argumentação de Salo de Carvalho ilustra bem o ponto de Zaffaroni: ao falar sobre a *ferida narcísica do Direito Penal*, Carvalho[267] se baseia no diagnóstico do autor argentino para delinear o abismo discursivo existente entre as funções declaradas do sistema penal e as que esse sistema efetivamente cumpre. De um lado, o poder punitivo pretende para si o controle do crime – preventivo – e a proteção de bens jurídicos, e, de outro, a dura realidade de que o Direito Penal não controla de forma alguma os índices delitivos e serve apenas para perpetuar a seletividade e o isolamento de grupos sociais que geralmente são o alvo do braço penal do Estado.

---

[266] ZAFFARONI, Eugenio Raul. *Em busca das penas perdidas*: a perda da legitimidade do sistema penal. 5. ed. Rio de Janeiro: Revan, 1991. p. 39.

[267] CARVALHO, Salo de. *Antimanual de criminologia*. 4. ed. Rio de Janeiro: Lumen Juris, 2011. p. 89.

Portanto, renunciando às alternativas discursivas típicas de esquerda punitiva,[268] bem como a abolicionista,[269] Zaffaroni considera as peculiaridades socioeconômicas da América Latina para buscar alguma nova fórmula de dogmática penal que possa servir como mecanismo de resistência contra as arbitrariedades peculiares ao sistema penal da *margem*, ou seja, do Brasil e de seus vizinhos.

Isso porque, como já se mencionou também no capítulo 2, Zaffaroni assume uma postura dogmática cética, no sentido de que não crê no Direito Penal como um instrumento de mudança social, apenas como uma frente de resistência do indivíduo ao sistema punitivo que, argumenta, teria perdido sua legitimidade.[270] A doutrina do autor não é compatível com qualquer ampliação de incidência do Direito Penal, que já é excessivo e ineficaz do modo em que se encontra.

Martins Júnior[271] aponta que uma proposta inicial de Zaffaroni nesse sentido foi a formulação da coculpabilidade, que, como parte da doutrina nacional, explicita em seu manual em coautoria com Pierangeli. De acordo com o pesquisador mineiro, no mesmo sentido de Hamilton Ferraz,[272] a coculpabilidade nada mais é que o reconhecimento de parcela de culpa do Estado em colocar o indivíduo em uma posição de miséria tamanha, que vê no cometimento do crime uma alternativa viável para

---

[268] Como propõe Baratta, em seu *Criminologia Crítica e crítica do Direito Penal*, ao visualizar uma política criminal alternativa que mudasse o foco da repressão penal para as classes poderosas e aos crimes cometidos contra a organização do trabalho e a previdência, por exemplo. Sofre do problema de demandar uma alteração política radical, de matriz revolucionária, o que é indefensável no trabalho de argumentação jurídica de humildes pretensões que desenvolvo aqui. (BARATTA, Alessandro. *Criminologia crítica e crítica do Direito Penal*: introdução à sociologia do Direito Penal. 6. ed. Rio de Janeiro: Revan, 2011. p. 200).

[269] Em que pese ser adotado como uma utopia e um ideal (talvez) inalcançável, o abolicionismo não é enxergado como uma alternativa atualmente viável por Zaffaroni e Ferrajoli, por tornar possível o nascimento de um novo sistema de controle social, eventualmente de natureza disciplinar e ainda pior que o atual sistema. Vide: ZAFFARONI, Eugenio Raul. *Em busca das penas perdidas*: a perda da legitimidade do sistema penal. 5. ed. Rio de Janeiro: Revan, 1991. p. 109, e FERRAJOLI, Luigi. *Direito e razão*: teoria do garantismo penal. 4. ed. São Paulo: Revista dos Tribunais, 2014. p. 234.

[270] ANITUA, Gabriel Ignacio. *Historia de los pensamientos criminológicos*. Buenos Aires: Editores del Puerto, 2005. p. 451.

[271] MARTINS JÚNIOR, Fernando Nogueira. *Vida e morte (e vida) da culpabilidade penal*: contribuição da teoria do delito para um Estado Democrático de Direito. 116f. Dissertação (Mestrado) – Faculdade de Direito da Universidade Federal de Minas Gerais, Belo Horizonte, 2012. p. 102.

[272] FERRAZ, Hamilton. Culpabilidade pela vulnerabilidade: uma introdução aos seus pressupostos, fundamentos e controvérsias. *Revista Brasileira de Ciências Criminais*, São Paulo, v. 120, p. 7, mai./jun. 2016.

sua própria sobrevivência (claro que não em uma intensidade apta a caracterizar um estado de necessidade ou legítima defesa, já que não cabe adotar duas classificações doutrinárias distintas para um mesmo fenômeno).

O fundamento da coculpabilidade, comenta Lázaro Guilherme,[273] pode, com base na teoria do estrutural-funcionalismo de Robert Merton, gerar a exclusão da culpabilidade mediante a constatação da pressão que a estrutura social exerce no indivíduo para delinquir. Pode, também, na dosimetria da pena, motivar uma valoração positiva na culpabilidade enquanto circunstância de verificação da pena-base, reduzindo-a, à semelhança de normas que assim preveem expressamente nos códigos penais colombiano e boliviano.[274]

Apesar de ainda poder ser encontrada em edições atuais da obra de Zaffaroni, a doutrina da coculpabilidade foi reformatada pelo autor, que a aperfeiçoou ao conceber o modelo da culpabilidade por vulnerabilidade. Hamilton Ferraz[275] comenta o posicionamento do doutrinador argentino a respeito da mencionada reformulação, conferindo, como principais razões para tanto: se escora no pressuposto de que a pobreza é a única causa de delitos; habilitaria um redirecionamento do poder punitivo em direção a classes dominantes, e mais, o poder punitivo nunca é desejável, e; não considera a arbitrariedade que frequentemente motiva a seleção criminalizante, seja do pobre, seja do rico, em uma excepcional posição de vulnerabilidade.

A característica da seletividade, como apontam Ferraz[276] e Martins Júnior,[277] é central na mudança do paradigma da coculpabilidade para

---

[273] GUILHERME, Lázaro Samuel Gonçalves. *Princípio da coculpabilidade e culpabilidade pela vulnerabilidade*: mecanismos de controle e limitação (correção) da seletividade penal. 144f. Dissertação (Mestrado) – Programa de Pós-Graduação em Direito, Pontifícia Universidade Católica de Minas Gerais, Belo Horizonte, 2017. p. 106.

[274] GUILHERME, Lázaro Samuel Gonçalves. *Princípio da coculpabilidade e culpabilidade pela vulnerabilidade*: mecanismos de controle e limitação (correção) da seletividade penal. 144f. Dissertação (Mestrado) – Programa de Pós-Graduação em Direito, Pontifícia Universidade Católica de Minas Gerais, Belo Horizonte, 2017. p. 114.

[275] FERRAZ, Hamilton. Culpabilidade pela vulnerabilidade: uma introdução aos seus pressupostos, fundamentos e controvérsias. *Revista Brasileira de Ciências Criminais*, São Paulo, v. 120, p. 7, mai./jun. 2016.

[276] FERRAZ, Hamilton. Culpabilidade pela vulnerabilidade: uma introdução aos seus pressupostos, fundamentos e controvérsias. *Revista Brasileira de Ciências Criminais*, São Paulo, v. 120, p. 7, mai./jun. 2016.

[277] MARTINS JÚNIOR, Fernando Nogueira. *Vida e morte (e vida) da culpabilidade penal*: contribuição da teoria do delito para um Estado Democrático de Direito. 116f. Dissertação (Mestrado) – Faculdade de Direito da Universidade Federal de Minas Gerais, Belo Horizonte, 2012. p. 103.

a culpabilidade pela vulnerabilidade. Essa preocupação é expressada na introdução que Zaffaroni faz em sua discussão sobre a crise da culpabilidade, ao sustentar que

o sistema penal escolhe pessoas arbitrariamente e [...] os requisitos de tipicidade e antijuridicidade [...] nada mais são do que os requisitos mínimos que a agência judicial deve esforçar-se para responder, a fim de permitir que o processo de criminalização, em curso, sobre a pessoa arbitrariamente selecionada, possa avançar.[278]

Posteriormente, Zaffaroni expõe sua visão a respeito da crise da culpabilidade, suscitando, como seu ponto principal, o conteúdo predominantemente ético da reprovabilidade que a sustenta.[279] Argumenta o autor que, enquanto uma visão incipiente da culpabilidade deveria perfazer um juízo da situação particular do autor e os dados que o circundavam no momento da prática do delito, não raro o discurso se desvia para um juízo ético, cujo conteúdo de reprovabilidade nunca foi, segundo o autor, suficientemente explorado pela doutrina.[280]

Pelo contrário, a categoria da culpabilidade sempre foi solo fértil para a proliferação de discursos perigosistas, de culpabilidade do autor (ou direito penal do autor) e de julgamentos éticos, juízos esses sem os quais, sustenta Zaffaroni,[281] a noção de reprovação seria insuficiente.

Sendo assim, seu modelo de culpabilidade passa a considerar como eixo central não mais a reprovação, mas a vulnerabilidade do sujeito selecionado pelas agências punitivas e posto a julgamento.[282] É dizer: não mais seria considerado como pressuposto da gradação da culpabilidade a reprovação do sujeito pelo resultado criminoso verificado, mas o efetivo esforço que desempenhou para ser, ao final, selecionado pelo poder punitivo.

Nesse sentido, são conceitos-chave para a compreensão da culpabilidade como vulnerabilidade os de *posição ou estado de vulnerabilidade* e

---

[278] ZAFFARONI, Eugenio Raul. *Em busca das penas perdidas*: a perda da legitimidade do sistema penal. 5. ed. Rio de Janeiro: Revan, 1991. p. 250.

[279] ZAFFARONI, Eugenio Raul. *Em busca das penas perdidas*: a perda da legitimidade do sistema penal. 5. ed. Rio de Janeiro: Revan, 1991. p. 256.

[280] ZAFFARONI, Eugenio Raul. *Em busca das penas perdidas*: a perda da legitimidade do sistema penal. 5. ed. Rio de Janeiro: Revan, 1991. p. 260.

[281] ZAFFARONI, Eugenio Raul. *Em busca das penas perdidas*: a perda da legitimidade do sistema penal. 5. ed. Rio de Janeiro: Revan, 1991. p. 262.

[282] ZAFFARONI, Eugenio Raul. *Em busca das penas perdidas*: a perda da legitimidade do sistema penal. 5. ed. Rio de Janeiro: Revan, 1991. p. 267.

esforço pessoal para a vulnerabilidade.[283] Segundo o pensamento do autor, a posição de vulnerabilidade é um fator condicionado socialmente: decorre de estereótipos ou do simples pertencimento do indivíduo a alguma classe ou minoria social. Define o risco padrão que essa pessoa tem de ser selecionada pelas agências punitivas. Quanto mais desfavorecido pela estrutura social e pelas práticas hegemônicas for o indivíduo, maior será a vulnerabilidade de sua posição e, consequentemente, maior será o risco de ser alcançado pelo sistema penal.

O segundo conceito, de esforço pessoal para a vulnerabilidade, compreende uma ordem de fatores que fazem com que um indivíduo transite entre graus de exposição ao poder punitivo. Quanto mais bem favorecido socialmente for (distante de uma posição relevante de fragilidade), maior deve ser o esforço pessoal do indivíduo que efetivamente chega a uma posição de vulnerabilidade que leve à seleção. Quanto menos favorecido, menor o esforço pessoal necessário para atrair a incidência da repressão penal.[284]

Pense-se, por exemplo, no empresário de renome que precisa sonegar mais de R$20.000,00 em tributos federais para ser processado pelo crime correspondente (isso apenas em questão de tipicidade; imagine-se quanto mais é necessário sonegar para que esse sujeito apareça no radar da Receita Federal). Outro exemplo: os dois jovens negros mal vestidos que, praticamente como procedimento padrão, são abordados pela polícia por estarem andando juntos em uma motocicleta, sem indício de terem cometido crime algum.[285]

---

[283] ZAFFARONI, Eugenio Raul. *Em busca das penas perdidas*: a perda da legitimidade do sistema penal. 5. ed. Rio de Janeiro: Revan, 1991. p. 270.

[284] ZAFFARONI, Eugenio Raul. *Em busca das penas perdidas*: a perda da legitimidade do sistema penal. 5. ed. Rio de Janeiro: Revan, 1991. p. 271.

[285] Nesse ponto, vale um comentário adicional: durante os anos de ápice de *lavajatismo*, em encolhimento gradativo entre 2019 e 2020, falou-se muito sobre uma suposta tendência atual do sistema penal em *criminalizar a riqueza*, fato esse que teria ocupado os noticiários com frequentes reportes de grandes escândalos de corrupção envolvendo empresas de grande porte e o governo. Desde a ótica da vulnerabilidade, no entanto, esse tipo de ocorrência não significa revisitar conceitos e considerar os grandes empresários como novos vulneráveis. Por outro lado, políticos bem estabelecidos e grandes empresários nunca foram, nem nunca serão, vulneráveis no contexto do sistema penal programado para mirar os já desfavorecidos, como diagnosticado por Zaffaroni: simplesmente o que ocorre no atual contexto é um tamanho esforço pessoal de cada um dos envolvidos selecionados, que, após uma bizarra série de coincidências, com as devidas contribuições alcançadas por avanços investigativos e delações premiadas (necessárias em razão da sofisticação dos esquemas de corrupção, que as técnicas investigativas das autoridades ainda não conseguem acompanhar com muito sucesso), permitem evidenciar a estrutura sistematicamente corrupta das instituições do poder público brasileiro.

A culpabilidade pela vulnerabilidade, portanto, é um juízo de valor que toma como pressuposto uma certa determinação social do indivíduo à dificuldade em cumprir com os deveres normativos, não podendo esse dado influir no juízo de culpabilidade. Nos termos de Zaffaroni, "o estado, ou [posição] de vulnerabilidade é incobrável".[286] O que pode ser cobrado – o autor prefere o termo *cobrança* a *retribuição* – por outro lado, é apenas o esforço que o agente efetivamente empregou para se colocar na situação que o levou a ser alcançado pelos atores do sistema penal.

A valoração feita pelo juízo dentro desse modelo, segundo Zaffaroni,[287] escapa do problema do conteúdo ético geralmente presente na reprovação tradicional, que deixa de lado as pressões sociais a que indivíduos vulneráveis se encontram submetidos, ao impor a todos os sujeitos uma mesma capacidade de fidelidade aos deveres normativos e aos padrões hegemônicos.

Ao considerar a posição de vulnerabilidade ocupada pelo autor do crime, o juízo de valor da culpabilidade pela vulnerabilidade visa a corrigir defasagens advindas de dosimetrias de pena motivadas por argumentos de culpabilidade do autor, em que a própria vulnerabilidade é valorada negativamente, ainda que nas entrelinhas da decisão. Essa espécie de argumentação não raro implica a imposição de uma pena mais grave a um sujeito que, a despeito de ter praticado uma conduta muito pouco lesiva a um bem jurídico, recebe uma qualificação negativa sobre sua personalidade e posição social, contaminando também o juízo de valor feito sobre a conduta analisada no caso penal.

A culpabilidade pela vulnerabilidade foi apresentada em notas breves no presente tópico enquanto uma resposta legítima à crise da culpabilidade, visando, por meio dessa resposta, à formação de uma categoria dogmática que pudesse ser operacionalizada no cotidiano judiciário como um mecanismo de contenção do poder punitivo, em oposição a outras propostas justificadoras.

Seguindo a ordem lógica pretendida no presente trabalho, o próximo capítulo colocará a discussão teórica sobre a culpabilidade em suspensão e se ocupará da questão argumentativa central apresentada: a mídia de massa. Posteriormente, a culpabilidade pela vulnerabilidade

---

[286] ZAFFARONI, Eugenio Raul. *Em busca das penas perdidas*: a perda da legitimidade do sistema penal. 5. ed. Rio de Janeiro: Revan, 1991. p. 270.

[287] ZAFFARONI, Eugenio Raul. *Em busca das penas perdidas*: a perda da legitimidade do sistema penal. 5. ed. Rio de Janeiro: Revan, 1991. p. 272.

será retomada e analisada em conjunto com os resultados de pesquisa colhidos acerca da mídia, que, a título de objeto de análise da presente pesquisa, defendo ser uma relevante fonte de formação de estados de vulnerabilidade, não apenas no posicionamento de indivíduos dentro de estereótipos negativos, como no incremento da demanda punitiva internalizada pelas autoridades responsáveis pelo funcionamento do aparato repressor do Estado.

5

EXCLUSÃO SOCIAL, MÍDIA DE MASSA E VULNERABILIDADE

"Não há tomada de consciência da própria existência sem a percepção da existência de um outro que seja diferente. A percepção da diferença do outro constitui, antes de mais nada, a prova da própria identidade".[288]

5.1 Introdução

O capítulo atual tem a tarefa de traçar uma linha de raciocínio que tem início em um ponto distinto da dogmática penal – que foi a abordagem dos capítulos anteriores – mas que visa a convergir com ela de volta, especificamente no último ponto que foi trabalhado: a culpabilidade pela vulnerabilidade. É provavelmente a parte mais atraente do trabalho (certamente a que pessoalmente mais me atraiu e foi o motivo inicial para toda esta pesquisa), no sentido de que busca subsídios em áreas externas ao direito, visando enriquecer com novos pontos de vista o debate jurídico sobre o crime.

Em tempos de comunicação de massa, a mídia noticiosa passa a estabelecer uma relação cada vez mais íntima com o crime e com os sujeitos envolvidos nele: o aparato para sua repressão, o agente e a vítima. Ao estudioso do fenômeno criminoso, basicamente resta assistir aos efeitos que essa interrelação gera na realidade do sistema punitivo, tentando conter com instrumentos jurídicos pontuais em cada processo

---

[288] CHARAUDEAU, Patrick. Identidade linguística, identidade cultura: uma relação paradoxal. *In*: LARA, Glaucia Proença; LIMBERTI, Rita Pacheco (Orgs.). *Discurso e (des)igualdade social*. São Paulo: Contexto, 2015. p. 18.

um fenômeno que foge completamente à realidade jurídica e que não encontra tradução no discurso do direito.

E mais, a mídia de massa revela ser um fenômeno cujos efeitos, inclusive, não são suficientemente explorados por pesquisas acadêmicas da área jurídica. Seguindo a antiga e consolidada tradição de haver um constante diálogo entre academia e prática, que possibilita que a pesquisa refine o modo como uma determinada ciência é aplicada, não se pode esperar que o discurso jurídico concreto/concretizado esteja pronto para lidar com um fato que não foi explorado pela academia de sua área com a atenção merecida.[289]

É sob esse pretexto que optei por dedicar parte do presente trabalho a um estudo mais aprofundado da relação entre a mídia de massa e o crime – mais especificamente como os meios de comunicação pautam a reação social ao crime. Para tanto, a investigação passará pela exposição – ainda que sintética, afinal, trata-se de uma pesquisa de objeto jurídico e criminológico, não de comunicação social – das principais vertentes de estudo do campo da *teoria da mídia*.

Em uma ordem lógica de raciocínio, busca-se explorar os papéis e as funções relevantes que os meios de comunicação em massa desempenham no cotidiano da sociedade contemporânea, quais valores e sentidos eles pretendem ver construídos, bem como a medida em que podem funcionar como um instrumento de exclusão social. São esses os principais tópicos a serem abordados e, portanto, a estrutura de ideias expostas no capítulo.

A exclusão social se liga intimamente à ideia de vulnerabilidade abordada no final do capítulo anterior. Portanto, percorrer o caminho argumentativo entre a presença da mídia na dinâmica social e o desempenho de seus efeitos nocivos – exclusão – é essencial para se testar

---

[289] Uma observação e uma justificativa: se no período em que esta pesquisa foi realizada o discurso jurídico a respeito da mídia de massa tradicional ainda não se encontrava consolidado na academia do direito, muito menos consolidadas estavam as investigações do fenômeno similar ocorrido no universo das redes sociais, com seu apelo emocional ainda mais forte, ainda com menos compromisso com a verdade e pulverização de fontes de (des)informação que torna quase impossível impor consequências a quem as utiliza com fins espúrios. Por envolver um *modus operandi* bastante utilizado nos meios de comunicação tradicionais, preferi não abordar tão detidamente o recente e peculiar fenômeno das redes sociais, já que o estado da arte da pesquisa jurídica sobre o tema relacionado ao crime ainda é incipiente, e considerando seu potencial para dar origem a uma nova pesquisa no futuro, centrada no tema. Por exemplo, nas eleições federais de 2018, quando o termo *fake news* ganhou terreno no Brasil, especialmente graças às redes sociais, a dissertação que deu origem a este trabalho que você lê havia sido recém-depositada.

a hipótese da pesquisa de que a mídia de massa é um forte mecanismo de produção de estados de vulnerabilidade, e que a operacionalização dos instrumentos da culpabilidade pela vulnerabilidade é um caminho válido para reduzir os danos advindos dessa situação fática.

Trata-se de olhar com olhos científicos algumas das conclusões parciais a que o cidadão mais atento e crítico (talvez cínico) chega – não se vive sem informação, não se desgruda os olhos da tela da TV e/ou do celular, a mídia só noticia crimes cometidos por pobres, dentre outros – e submetê-las à discussão acadêmica, analisando seus efeitos nocivos no funcionamento do sistema penal.

5.2 Teoria(s) da mídia e seus ditos efeitos

Como se mencionou nas notas introdutórias ao capítulo, o campo da teoria da mídia serviu como uma importante ferramenta para a investigação desenvolvida no presente trabalho. A fim de evitar possíveis confusões, teoria da mídia não diz respeito às ciências exatas ou ao estudo de ferramentas tecnológicas para a propagação de informações. Não tem por objeto teorizar sobre quais as peças necessárias para construir o melhor aparelho de rádio, ou a programação necessária para que um site de notícias se mantenha no ar e leve mais informação às pessoas.

A teoria da mídia, por outro lado, é um campo em que dialogam a comunicação social e a sociologia. Aborda-se, nesse marco teórico, a transmissão de informações a um público difuso (comunicação social), bem como os efeitos culturais que se gera ou que se espera gerar nesse público (sociologia), em constante diálogo entre pontos de vista e institutos das respectivas áreas.

O estudo da teoria da mídia é excepcionalmente útil para o pesquisador – sobretudo em uma pesquisa que visa a explorar os efeitos concretos da *mass media* no discurso jurídico – pois contribui, por um lado, para explorar sensos comuns teóricos que permeiam a área da comunicação e, por outro, para analisa-los sob o filtro da ciência do Direito. Portanto, contribui para testar e encontrar um possível meio termo entre a hipótese pessimista de Bourdieu[290] – que fala sobre a idiotização do ser humano, exposto, passivamente, às conclusões prontas

---

[290] BOURDIEU, Pierre. *Sobre a televisão*. Rio de Janeiro: Zahar, 1997.

da televisão– e a descrita por Baran e Davis,[291] de natureza normativa, que pressupõe uma responsabilidade social aos veículos de notícias para realizarem uma exposição quase que espelhada da realidade concreta.

5.2.1 Teorias normativas e influência direta

Primeiramente, a respeito das teorias normativas da mídia, pode-se notar que não representam um posicionamento majoritário dentro do campo da teoria da mídia. Como notam Baran e Davis,[292] gestado em um período pós Segunda Guerra Mundial, o paradigma normativo de responsabilidade social na comunicação em massa se mostrou de difícil aplicação e aderência entre os veículos de mídia. Esses, majoritariamente motivados pela lógica do lucro e pela comercialização da informação, acabam por priorizar a opção mercadológica – sobretudo o braço de publicidade das grandes marcas, que precisam dos veículos de comunicação para manterem sua competitividade no mercado – e dirigir seu conteúdo às camadas sociais mais suscetíveis a essa publicidade, deixando de lado a possibilidade de uma abordagem que beneficiaria mais diretamente sua audiência no contexto da responsabilidade social preconizada por essa abordagem, não necessariamente atrelada à dinâmica do consumo.

O ideal da responsabilidade social é ainda mais subvertido diante do atual cenário de *commodificação da cultura* – tornar a cultura um commodity. Conforme descrevem Baran e Davis,[293] o apelo comercial da mídia de massa – não apenas a noticiosa – tem levado os veículos hegemônicos a se apropriar de expressões culturais de minorias, remover de sua veiculação seu contexto histórico e, muitas vezes, seu caráter de prática de resistência, e transformá-los em um produto quase caricato para ser consumido pelo público geral, como é feito com o rap e com expressões da cultura LGBT.

Alain de Botton[294] apresenta esse cenário do ponto de vista do espectador, apontando o quanto o *tédio* é um fator importante para a

---

[291] BARAN, Stanley J.; DAVIS, Dennis K. *Mass communication theory*: foundations, ferment and future. 7. ed. Stamford, Connecticut: Cengage Learning, 2013.

[292] BARAN, Stanley J.; DAVIS, Dennis K. *Mass communication theory*: foundations, ferment and future. 7. ed. Stamford, Connecticut: Cengage Learning, 2013. p. 86.

[293] BARAN, Stanley J.; DAVIS, Dennis K. *Mass communication theory*: foundations, ferment and future. 7. ed. Stamford, Connecticut: Cengage Learning, 2013. p. 328.

[294] BOTTON, Alain de. *Notícias*: manual do usuário. Rio de Janeiro: Intrínseca, 2014. p. 24.

definição da pauta que o veículo de comunicação irá abordar. O autor argumenta que, de modo a prender a atenção do espectador, o veículo deve ter como pressuposto a imensa aptidão de seu público para sentir tédio, e que um programa televisivo monótono, que cause esse tipo de sentimento, tem pouco potencial comercial.

Para evitar esse cenário, o noticiário deve nutrir alguma espécie de sensação – o mais intensa e básica possível – na consciência de seu espectador, seja a indignação com a situação política dominante, seja o alívio por não ter sido vítima de um desastre natural ou um crime violento, seja, ainda, o medo do risco de vir a ser essa vítima.[295]

Retomando o raciocínio de Botton: considerando – ao contrário do ideal da responsabilidade social preconizado pelas teorias normativas – que a prioridade do veículo de comunicação é evitar a transmissão de conteúdo potencialmente apto a entediar o público e a esvaziar o potencial de lucro que o veículo possui, esse veículo deve lançar mão de alguns recursos.

O primeiro, de caráter mais formal, é limitar sua narrativa a espaços editoriais que contemplem todas as notícias que o corpo de editores entenda como, de algum modo, funcionais a seu público: eliminar, nas palavras de Alain de Botton,[296] "ideias sem potencial" da edição final. São expedientes jornalísticos como aqueles em que o editor escolhe com sua intuição qual seria uma boa história, que busca nas pulsões básicas do público dar a ele o que ele quer, ou mesmo definir a utilidade de tal ou qual fato como notícia, ou o modo de sua abordagem, a partir de vieses ideológicos específicos.[297]

Outros procedimentos úteis, dizendo respeito agora ao conteúdo, passam por garantir dinamismo e um fluxo constante de notícias com a seguinte fórmula: é *melhor ter desde logo uma percepção parcial e duvidosa do que esperar algum tempo para as devidas apurações e se atingir um entendimento mais abrangente e seguro*. E mais: esses pequenos fatos, ou percepções parciais, tendem a ser incluídos em um contexto maior

---

[295] DIAS, Annelise Schütz; GUIMARÃES, Isabel Padilha. Mídia noticiosa, crime e violência: discussões teóricas. *Sistema Penal & Violência*, Rio Grande do Sul, v. 6, n. 2, p. 280-291, jul./ dez. 2014. p. 286.

[296] BOTTON, Alain de. *Notícias*: manual do usuário. Rio de Janeiro: Intrínseca, 2014. p. 66.

[297] COHEN, Stanley. *Folk devils and moral panics*: the creation of the mods and the rockers. 3. ed. New York: Routledge, 2002. p. 32.

de senso comum, este sempre apto a ser facilmente absorvido e causar uma resposta emocional no espectador.[298]

Por exemplo, um assalto no centro da cidade nunca é só um assalto no centro da cidade: é uma expressão do contexto maior de insegurança e impunidade que assola a vida do cidadão médio. Uma pequena apreensão de drogas é expressão do descontrole do tráfico. A deflagração de investigação contra um político envolvido com ilegalidades em conluio com uma grande empresa é expressão da incorporação sistemática da corrupção no sistema político nacional. Os exemplos são vários.

Mas isso não significa, ao contrário da abordagem que Pierre Bourdieu, principalmente, defende, de que o consumo da mídia de massa seja um hábito catastrófico que interrompe as faculdades pensantes do espectador. A obra de Bourdieu *Sobre a televisão*, publicada primeiramente em 1996, se mostra influenciada por uma discussão iniciada pelo escritor Gustave Flaubert, em meados do século XIX, que introduziu essa tradição de encarar os meios de comunicação.[299]

Conforme descreve Botton,[300] Flaubert se via preocupado com a crescente presença de um novo tipo de estupidez com a consolidação dos jornais impressos, enxergando-os como instrumentos que pensam em substituição ao leitor. Bourdieu,[301] ao discutir sobre a disseminação, pelos meios de comunicação, das *ideias feitas* que não demandam reflexão para sua apreensão pelo espectador, referencia a crítica de Flaubert e acrescenta que a televisão é solo fértil para esse tipo de interação, privilegiando a recepção acrítica da informação pelo público e não lhe deixando espaço para o pensamento – já que o ato de pensar seria, em sua natureza, subversivo.

E mais: longe de ser uma recepção de informações inofensiva e desinteressada, Bourdieu[302] argumenta que expedientes assim são excepcionalmente úteis para a "manutenção da ordem simbólica", é dizer, um mecanismo de geração de conformismo quanto aos ideais que movem os bastidores dos veículos de comunicação: seja um conformismo político ao *status quo* dominante, seja um conformismo econômico quanto

---

[298] BOTTON, Alain de. *Notícias*: manual do usuário. Rio de Janeiro: Intrínseca, 2014. p. 24-25.

[299] BOURDIEU, Pierre. *Sobre a televisão*. Rio de Janeiro: Zahar, 1997. p. 40.

[300] BOTTON, Alain de. *Notícias*: manual do usuário. Rio de Janeiro: Intrínseca, 2014. p. 58.

[301] BOURDIEU, Pierre. *Sobre a televisão*. Rio de Janeiro: Zahar, 1997. p. 41.

[302] BOURDIEU, Pierre. *Sobre a televisão*. Rio de Janeiro: Zahar, 1997. p. 20.

aos interesses financeiros (consumismo no contexto socioeconômico capitalista, especialmente) que animam o veículo enquanto negócio.

Bourdieu ainda destaca que uma dosagem de notícias de variedades – "que não devem chocar ninguém, que não envolvem disputa, que não dividem, que formam consenso, que interessam a todo mundo, mas de um modo tal que não tocam em nada de importante"[303] – misturadas àquelas que pretendem fazer avançar alguma pauta latente pelo veículo, é útil para ocupar o tempo que poderia ser utilizado para dizer outra coisa.

Por outro lado, Bourdieu, em seu típico pessimismo acerca da mídia de massa e da recepção de mensagens latentes de conformismo pela audiência (a um ponto de quase manipulação à *la* 1984), acaba por convergir com críticas comuns a teóricos da mídia associados à abordagem dos *efeitos diretos*. Explica-se.

A abordagem dos efeitos diretos, ou *direct effects theory*, é uma das proposições que compõem a tradição de pensamento sobre os *efeitos da mídia – media effects theories –*, um conjunto de hipóteses mais ou menos consolidadas junto à comunidade científica respectiva que, por muito tempo, dominou a epistemologia do campo.

Semelhante à viragem epistemológica ocorrida na criminologia etiológica que, ao longo da década de 1960, transitou para um paradigma crítico ao mudar o objeto de análise do indivíduo criminoso para o poder, a teoria dos efeitos da mídia operou uma alteração metodológica consistente em abandonar a pretensão de incutir responsabilidade social nos veículos de mídia, passando a analisar quais efeitos esses veículos poderiam ou não produzir no corpo social.

Feita uma breve explanação sobre o contexto de discussão da teoria dos efeitos diretos da mídia, traça-se, agora, o paralelo entre essa teoria e as ideias expressadas por Pierre Bourdieu.

A teoria dos efeitos diretos, conforme demonstra Kevin Williams, é o primeiro passo de uma linha de evolução teórica que visou a estudar a recepção das mensagens midiáticas pela sociedade. Williams[304] aponta justamente que a abordagem dos efeitos diretos foi a primeira a enfrentar o tema, e hoje em dia chega a ser considerada ingênua pela comunidade acadêmica da área. O motivo, discute o autor, é que essa abordagem parte de um pressuposto *behaviorista* de um ser humano

---

[303] BOURDIEU, Pierre. *Sobre a televisão*. Rio de Janeiro: Zahar, 1997. p. 23.

[304] WILLIAMS, Kevin. *Understanding media theory*. Londres: Arnold, 2003. p. 171.

incapaz de interpretar as mensagens que recebe, e que motiva seu agir acriticamente como uma reação imediata a um impulso.

Sintetiza o mesmo autor, mais adiante, que "audiences are no longer passive gullible entities easily manipulated by the media".[305] A discussão a esse respeito, levada a cabo pelos teóricos da mídia de massa, enfraquece a argumentação dos adeptos dos efeitos diretos, bem como a de Bourdieu, uma vez que considerar o espectador como um receptáculo acrítico das pautas hegemônicas comunicadas pela mídia é partir da falsa premissa de que o público é incapaz de interpretar uma informação e enxergar um contexto maior para determinar suas ações.

5.2.2 Efeitos limitados

Por considerar o público telespectador como um corpo social composto por indivíduos capazes de interpretação, mas também por reconhecer uma limitada capacidade para tanto devido ao cuidado dispensado pelos veículos midiáticos para manterem o apelo emocional – e, assim, criarem um *rapport* irracional em seu público, uma relação de confiança e autoridade – a teoria dos efeitos limitados prevalece como uma das propostas mais bem construídas dentro da teoria da mídia.

A abordagem dos efeitos limitados, conforme demonstra Kevin Williams, compreende distintas análises sobre os efeitos da mídia no indivíduo e no corpo social, mas sempre com um núcleo em comum consistente em afirmar a capacidade que o indivíduo tem de filtrar via interpretação – e não assimilar acriticamente – todas as informações a que tem acesso pelos veículos midiáticos.

A hipótese principal da teoria dos efeitos limitados é a de que a capacidade de reter a comunicação de massas depende de uma série de condições que o indivíduo apresente, e que aumentam sua suscetibilidade à aderência de determinados discursos, como seu *background* social, seus preconceitos e suas crenças.[306] A teoria dos efeitos limitados da mídia confirma o peso que o viés de confirmação tem na vida do ser humano médio: a busca e a manutenção da zona de conforto proporcionada pela exposição a opiniões e visões de mundo que se

---

[305] Tradução livre: o público não é mais uma entidade passiva e enganável, facilmente manipulada pela mídia. WILLIAMS, Kevin. *Understanding media theory*. Londres: Arnold, 2003. p. 205.

[306] WILLIAMS, Kevin. *Understanding media theory*. Londres: Arnold, 2003. p. 174.

encaixem em um conjunto de ideias já incorporadas como pré-conceito (a boa e velha *bolha* ou, mais sofisticadamente, *câmara de eco*).

Portanto, uma *ideia pronta* – nos termos de Bourdieu – que a mídia de massa apresenta para seu público não tem uma aderência automática e unânime apenas pelo fato de ter vindo de um meio de comunicação de massa. Essa ideia passa por um processo de filtragem, ainda que rapidíssimo e inconsciente, por cada indivíduo que teve acesso a ela, determinando sua aderência – ou sua relegação à categoria de *fake news* – caso se conforme – ou não – ao que se tende a acreditar.

As teorias dos efeitos limitados apontam consequências da *mass media* tanto no indivíduo – como a incorporação de sentimentos e demandas compatíveis com seus valores – quanto em grupos macro. É o que Williams[307] indica como objeto da *teoria dos efeitos culturais*, a qual, apontam Baran e Davis,[308] percebe o papel da mídia na criação, no compartilhamento, no aprendizado e na aplicação da cultura.

Stanley Baran e Dennis Davis denotam a existência de um processo contínuo de interação entre um contexto micro e outro macro na relação entre mídia e sociedade: o contexto micro é o conjunto de valores que cada indivíduo possui e que determina sua suscetibilidade a receber as informações veiculadas pela mídia, além de determinar, com o nível de aderência que essas informações apresentam, a própria credibilidade do veículo para si. O contexto macro é o conjunto de valores dominantes em um grupo social, que a mídia de massa contribui para manter coeso, e no qual se baseia para definir quais informações abordar e como abordá-las.[309] A mídia de massa, portanto, é mais eficiente em pautar *as coisas em que pensar* – *what to think about* – do que *o que pensar sobre as coisas* – *what to think*.[310]

5.2.3 Abordagem "mídia e violência"

Uma última hipótese pertinente à análise é a intitulada *mídia e violência*, uma das correntes atuais dos estudos dos efeitos da mídia,

---

[307] WILLIAMS, Kevin. *Understanding media theory*. Londres: Arnold, 2003. p. 179.

[308] BARAN, Stanley J.; DAVIS, Dennis K. *Mass communication theory*: foundations, ferment and future. 7. ed. Stamford, Connecticut: Cengage Learning, 2013. p. 131.

[309] BARAN, Stanley J.; DAVIS, Dennis K. *Mass communication theory*: foundations, ferment and future. 7. ed. Stamford, Connecticut: Cengage Learning, 2013. p. 132.

[310] WILLIAMS, Kevin. *Understanding media theory*. Londres: Arnold, 2003. p. 181.

localizada metodologicamente dentre as teorias do efeito limitado. Logo pelo nome se percebe uma aproximação possível com as ciências penais.

Com efeito, a abordagem da mídia e violência teve um início muito similar à criminologia de matriz etiológica. Kevin Williams[311] descreve que alguns pesquisadores se filiaram a essa tendência teórica visando a estabelecer possíveis relações entre o consumo de mídia de massa e a prática de atos violentos (assim como a criminologia etiológica buscava em fatores diversos uma causa para o cometimento de crimes).

No entanto, além de problemas metodológicos que dificultaram o estabelecimento de uma efetiva relação entre consumo de mídia e violência, Williams[312] põe em xeque a premissa moralizante que os trabalhos voltados a essa vertente apresentavam: as pesquisas do campo consideravam conteúdos violentos e sexuais – esses não necessariamente violentos – como igualmente reprováveis a nível moral. Esse dado acaba por manchar a cientificidade da argumentação que objetivava ligar a exposição a esses elementos a uma tendência a praticar violência, em razão da fluidez da argumentação moral, que pode com igual suficiência argumentativa pender para lados opostos.

Caída em desuso,[313] essa abordagem inicial continuou sob o rótulo acadêmico de *mídia e violência,* uma corrente de pesquisas de viés mais crítico. Segundo esse novo *approach,* a relação entre mídia e violência não deveria ser enxergada como causal (mídia é causa, violência é efeito), à moda da teoria dos efeitos diretos, mas mais sutil e, consequentemente, complexa de constatar.

Williams[314] sintetiza que as principais pesquisas gestadas dentro desse campo, mais abrangente na principiologia sociológica, apontam outros problemas sociais das mais diversas magnitudes como origens da violência, não competindo à teoria da mídia analisar ou propor soluções a respeito. Passa a ser preocupação dos teóricos, por outro lado, examinar como a mídia de massa aborda esses problemas sociais e a violência causada por eles, bem como os efeitos que essa abordagem gera na percepção da sociedade afetada ou não por esses problemas.

---

[311] WILLIAMS, Kevin. *Understanding media theory.* Londres: Arnold, 2003. p. 183.

[312] WILLIAMS, Kevin. *Understanding media theory.* Londres: Arnold, 2003. p. 184.

[313] Fala-se de um desuso acadêmico, naturalmente. Não faltam oportunidades no mundo fora da academia em que o público se comove contra episódios de violência supostamente influenciados pelo consumo de material violento por parte de seu autor, sendo os videogames o alvo principal dessa espécie de crítica.

[314] WILLIAMS, Kevin. *Understanding media theory.* Londres: Arnold, 2003. p. 187.

É nesse ponto que se enxerga mais claramente uma aproximação entre a teoria da mídia e as ciências penais: nas pesquisas realizadas com esse recorte metodológico, tendem a surgir como soluções práticas punitivistas.

Williams[315] descreve uma pesquisa de impressões realizada no Reino Unido por George Gerbner, um dos mais importantes teóricos dos efeitos da mídia, em que se buscou avaliar a percepção da violência na sociedade ao redor de pessoas que consumiam mais ou menos mídia de massa.

Aponta-se, com a pesquisa narrada, que uma frequência maior de consumo de mídia correspondia à visão da sociedade em geral, das ruas e da polícia como mais violentas, e das pessoas como menos confiáveis. As entrevistas salientaram, ainda, o elevado temor que os entrevistados mais ligados ao consumo da mídia possuíam quanto ao risco de se tornarem vítimas de um crime, além de uma correlação com o apoio a pautas políticas de lei e ordem (recrudescimento do controle penal).[316]

David Garland[317] acrescenta que a percepção da polícia como violenta, mas ineficiente para conter a violência, contribui para formar uma opinião pública de que o aparato de justiça criminal não possui compromisso com a segurança pública. A resposta advinda do senso comum a esse fenômeno vem pronta: necessidade de ampliação do aparato da política criminal já existente.

Essa problemática será abordada com maior detalhe nos tópicos a seguir, em que será abordado o papel da mídia de massa na construção, ainda que parcialmente fictícia, de uma realidade violenta que demanda uma resposta no campo penal. Tanto as condições sociais que contribuíram para a proliferação desse ideal quanto as respostas comumente buscadas serão exploradas oportunamente.

5.3 A mídia em ação, parte 1: fortalecimento de uma base valorativa

O presente tópico se concentrará em descrever os pressupostos sociais que tornaram a sociedade contemporânea suscetível às respostas

---

[315] WILLIAMS, Kevin. *Understanding media theory*. Londres: Arnold, 2003. p. 187.

[316] WILLIAMS, Kevin. *Understanding media theory*. Londres: Arnold, 2003. p. 187.

[317] GARLAND, David. *The culture of control*: crime and social order in contemporary society. Chicago: The University of Chicago Press, 2001. p. 108.

punitivas compartilhadas por um senso comum hegemônico e pelas interpretações usuais da mídia de massa sobre fatos cotidianos que envolvem a violência. A discussão parte da abordagem dos efeitos limitados da mídia, em relação à qual o espectador é considerado um sujeito interpretativo, que não possui uma propensão automática a concordar com todas as interpretações conferidas pelos veículos de massa, mas tem alguma – limitada – suscetibilidade a aderir ao discurso se a interpretação em questão concorda com valores que já professa.

A mesma abordagem, ainda que não adotada expressamente, é o coincidente ponto de partida da argumentação de autores como David Garland e Jock Young, cujas obras *Culture of control* e *Exclusive society*, respectivamente, são de grande relevância à compreensão de uma transição valorativa a respeito do crime e do criminoso, ocorrida nos fins do século XX. Essa transição, conforme se demonstra, permitiu a disseminação de uma cultura punitiva no seio de grupos sociais hegemônicos, tendo a mídia de massa como uma importante ferramenta.

Para examinar a tendência punitivista atual, é necessário retomar um ponto já aberto em um momento anterior do trabalho, mas a partir de um olhar distinto.

No tópico em que se tratou dos movimentos da *defesa social* e da *lei e ordem*, descrevi o fenômeno da *crise etiológica* que rodeou a criminologia, sustentado no artigo *El fracaso de la criminología crítica*, de Jock Young.[318] Esse fenômeno, típico do período de hegemonia do Estado de bem-estar social, consistiu no desvelamento de uma quebra de expectativas dentro do corpo social, que gerou um efeito cascata até hoje sentido em nossa mentalidade penal, jurídica ou informal (principalmente a informal).

Discute o autor referenciado[319] que a política criminal no período posterior à Segunda Guerra Mundial em países centrais como Estados Unidos e Inglaterra (o *welfare state*) se orientava pela lógica de que a pobreza e a exclusão de indivíduos da lógica do mercado seriam as mais relevantes causas para a criminalidade, e que atacar esses fatores causaria uma influência positiva nos índices de criminalidade.

Apesar da aderência desse discurso no *mainstream* político desses países – bem como a consolidação de um senso comum dentro do

---

[318] YOUNG, Jock. El fracaso de la criminologia: la necesidad de um realismo radical. *In*: *Criminologia crítica y control social 1*: el poder punitivo. Rosario: Editorial Juris, 1993. p. 6.

[319] YOUNG, Jock. El fracaso de la criminología: la necesidad de um realismo radical. *In*: *Criminologia crítica y control social 1*: el poder punitivo. Rosario: Editorial Juris, 1993. p. 6.

próprio discurso jurídico que ainda liga pobreza muito proximamente à criminalidade – a conclusão aferida pela estatística gerou a quebra de expectativa mencionada no penúltimo parágrafo: as taxas de criminalidade continuavam crescendo apesar de políticas assistenciais em pleno vapor.

Ainda mais grave, nos Estados Unidos, os índices de criminalidade cresciam proporcionalmente aos índices de consumo.[320] Não é claro, no entanto, se se trata de um processo de causação (maior consumo gera maior criminalidade) ou de mera correlação (consumo e criminalidade crescem estatisticamente por razões distintas); isso não impediu, por outro lado, o esforço progressivo de desmanche do estado de bem-estar social executado nos anos seguintes, como se comenta a seguir. A causação é clara, por outro lado, entre os incentivos econômicos do Estado à população e os níveis de consumo, o que, em uma intrincada sucessão de relações, impulsiona a economia de um país.

O discurso dominante durante a época do *welfare State*, conforme delineia Young em seu indispensável clássico *Exclusive society*,[321] era um discurso predominantemente de inclusão, no estilo de: *o desviante age assim porque não foi devidamente incluído na estrutura social, não participa da dinâmica de consumo e não está inserido no mercado de trabalho*. Portanto, o indivíduo desviante era considerado parte do corpo social, e deveria ser mais ativamente integrado a este por meio de políticas intervencionistas, inclusivas e ressocializadoras de responsabilidade do Estado.

O aumento dos índices de criminalidade, aliado a dois outros fatores prementes a seguir descritos, provocou uma grave crise, ao longo das décadas de 1960 e 1970, no paradigma *welfarista* em sua vertente de política criminal.

O primeiro desses fatores é a crítica metodológica gestada internamente ao próprio paradigma *welfarista* e correcionalista, com uma reação acadêmica exposta por Garland,[322] que questionou o pressuposto de utilização do poder punitivo para provocar a alteração no ser humano e, assim, supostamente ressocializá-lo. Inspirado na abordagem profundamente crítica de Foucault e, posteriormente,

---

[320] YOUNG, Jock. El fracaso de la criminología: la necesidad de un realismo radical. *In*: *Criminologia crítica y control social 1*: el poder punitivo. Rosario: Editorial Juris, 1993. p. 7.

[321] YOUNG, Jock. *The exclusive society*: social exclusion, crime and difference in late modernity. Londres: SAGE Publications, 1999. p. 4.

[322] GARLAND, David. *The culture of control*: crime and social order in contemporary society. Chicago: The University of Chicago Press, 2001. p. 57.

incorporado pelos próprios pensadores sociais-democratas americanos no início da década de 1970, o paradigma reintegrador se viu em crise.[323]

O segundo fator é bem descrito por Loïc Wacquant,[324] que é a crise financeira do modelo de gestão do *welfare*. O autor, em sua célebre obra *Punir os pobres*, relata a transição, em matéria de política criminal, do Estado protecionista e inclusivo do *welfare* em direção à tendência de exclusão e supressão de classes subalternas, sobretudo as economicamente vulneráveis.

Citando, por exemplo, a precariedade dos empregos a que os supostos incluídos acabavam por se submeter – o denominado *subemprego* – argumenta Wacquant[325] que a ineficiência dos programas de bem-estar na promoção de efetivas condições de inclusão social chamou a atenção de políticos em ascensão que abraçaram a missão de enxugar os cofres públicos e aplicar o dinheiro do contribuinte em pontos melhores do que em programas sociais que não geravam efeitos desejados. Conforme indicam Orfield e Askinaze,[326] esse foi um dos argumentos determinantes para alavancar a campanha do paradigmático político neoliberal Ronald Reagan à presidência dos Estados Unidos.

Para não repetir o relato já trazido em tópico anterior, sobre as mudanças de posição jurídico-penal e político-criminal, e a ascensão de discursos de lei e ordem dentro da atuação concreta do sistema penal, os fatos vindos a seguir serão explorados de um ponto de vista distinto: da reação da sociedade e do papel da mídia em pautar essa reação.

Conforme discute Garland,[327] o discurso dos especialistas que fundamentava o paradigma correcionalista típico do *welfare State* passa a entrar em descrédito: passa a predominar como narrativa oficial sobre o crime não aquela favorável à finalidade inclusiva ou ressocializadora da sanção penal, mas aquela que dá destaque à posição da vítima direta do crime, ou seja, estabelecia-se um antagonismo nos meios de comunicação que privilegiava a dor sofrida pela vítima, e não a exclusão

---

[323] GARLAND, David. *The culture of control*: crime and social order in contemporary society. Chicago: The University of Chicago Press, 2001. p. 54.

[324] WACQUANT, Loïc. *Punir os pobres*: a nova gestão da miséria nos Estados Unidos. 2. ed. Rio de Janeiro: Revan, 2003. p. 24.

[325] WACQUANT, Loïc. *Punir os pobres*: a nova gestão da miséria nos Estados Unidos. 2. ed. Rio de Janeiro: Revan, 2003. p. 24.

[326] ORFIELD; ASKINAZE *apud* WACQUANT, Loïc. *Punir os pobres*: a nova gestão da miséria nos Estados Unidos. 2. ed. Rio de Janeiro: Revan, 2003. p. 24.

[327] GARLAND, David. *The culture of control*: crime and social order in contemporary society. Chicago: The University of Chicago Press, 2001. p. 13.

social que poderia ter motivado o agente a cometer o crime ou mesmo a ter sido selecionado pelo poder punitivo.

Esse movimento coincidiu, ao longo da década de 1960, com uma presença cada vez mais marcante de meios eletrônicos de mídia de massa, sobretudo a televisão, nos lares de países culturalmente influentes como Inglaterra e Estados Unidos. O sistema nacional e unificado de informação proporcionado pela televisão, além de concorrer com o jornal impresso geralmente local, assumiu muito rapidamente um papel de instituição central da vida moderna e no estabelecimento de relações e identidades de grupos.[328]

No entanto, a televisão, que poderia servir como um relevante instrumento de exposição da diversidade de experiências humanas, da inclusão cultural de indivíduos, dentre outros fins mais virtuosos, acaba sendo apropriada pelo discurso de temor ao crime e exclusão social: o criminoso como degenerado.[329] A aptidão dos meios de comunicação para produzir *pânicos morais*,[330] argumenta Young,[331] foi um recurso relevante para a transição do paradigma inclusivo para o excludente.

Como um parêntese, o termo "pânico moral" mencionado em linhas anteriores teve sua incorporação ao léxico das ciências sociais, conforme noticiam Malcolm Feeley e Jonathan Simon,[332] graças à obra de Stanley Cohen, *Folk devils and moral panics*, publicada primeiramente em 1972. O sentimento em questão, o de pânico moral, seria uma parte da equação da reação social ao crime, desde sua exposição nos meios de comunicação em massa até a apreciação judicial. Também Jock Young comenta sobre o pânico moral a partir da obra de Cohen, como um esforço desempenhado pelo conjunto de empresários morais interessados

---

[328] GARLAND, David. *The culture of control*: crime and social order in contemporary society. Chicago: The University of Chicago Press, 2001. p. 85.

[329] GARLAND, David. *The culture of control*: crime and social order in contemporary society. Chicago: The University of Chicago Press, 2001. p. 13.

[330] COHEN, Stanley. *Folk devils and moral panics*: the creation of the mods and the rockers. 3. ed. New York: Routledge, 2002.

[331] YOUNG, Jock. *The exclusive society*: social exclusion, crime and difference in late modernity. Londres: SAGE Publications, 1999. p. 25.

[332] FEELEY, Malcolm; SIMON, Jonathan. Folk devils and moral panics: an appreciation from North America. *In*: DOWNES, David *et al.* (Orgs.). *Crime, social control and human rights*: from moral panics to states of denial. Portland: Willan Publishing, 2007. p. 40.

em ver a opinião pública voltada contra um determinado grupo, parte do processo de exclusão que já foi descrito em momento oportuno.[333]

Fechados os parênteses, prossegue-se. No contexto da tensão entre o que a mídia de massa poderia ter sido, e o que de fato ela é, surgem os tabloides, uma íntima intersecção entre notícias e entretenimento, e a venda de espaço publicitário em horários de exibição, o que de fato movimenta financeiramente a máquina midiática.[334] Naturalmente, com essa situação, os veículos de mídia, motivados pela lógica do lucro, passam a atrair e a fidelizar muito facilmente uma audiência cada vez maior, sob a oferta de um conteúdo que engaje emocionalmente, que fale a língua do público e que atenda a seus interesses: o espaço para a responsabilidade social e discursos inclusivos é ignorado,[335] e a notícia-entretenimento se sobrepõe.

O público privilegiado pelo conteúdo da comunicação em massa, por ser uma maioria suscetível ao consumo e aos valores tradicionais transmitidos pela forma como as notícias são interpretadas e pela publicidade é a família tradicional, devidamente inserida no mercado e nas dinâmicas sociais: "Mum, Dad, two kids, house, Garden, the cat. 'Dad the breadwinner', Mum the nurturer and provider of a little extra income".[336]

É a família do *Joe Briefcase* – "Joe da Maleta" – que David Foster Wallace descreve em seu artigo "E Unibus Pluram", o homem trabalhador de classe média que sustenta o lar nuclear cristão com o próprio esforço e é o alvo prioritário para as rasas mensagens noticiosas e publicitárias da mídia, que fazem-no enxergar a si mesmo dentro daquela realidade proposta.[337]

Essa constatação, que poderia pressupor uma dicotomia clara entre uma classe incluída a quem se dirigem os valores subjacentes às mensagens midiáticas, e outra classe, excluída, motivada por outros

---

[333] YOUNG, Jock. Slipping away – moral panics each side of "the Golden Age". *In*: DOWNES, David *et al.* (Orgs.). *Crime, social control and human rights*: from moral panics to states of denial. Portland: Willan Publishing, 2007. p. 58.

[334] GARLAND, David. *The culture of control*: crime and social order in contemporary society. Chicago: The University of Chicago Press, 2001. p. 85.

[335] BARAN, Stanley J.; DAVIS, Dennis K. *Mass communication theory*: foundations, ferment and future. 7. ed. Stamford, Connecticut: Cengage Learning, 2013.

[336] YOUNG, Jock. *The exclusive society*: social exclusion, crime and difference in late modernity. Londres: SAGE Publications, 1999. p. 113.

[337] WALLACE, David Foster. E unibus pluram: television and U.S. Fiction. *Review of contemporary fiction*, Victoria, Texas, v. 13, n. 2, 1993.

conjuntos valorativos, é investigada por Young em seu artigo publicado em espanhol com o título "La energía em Merton, la estructura en Katz", que contesta essa visão binária (zero ou um; oito ou oitenta; excluído ou incluído) de processos sociais de puras inclusão e exclusão.

Segundo o autor,[338] a mídia de massa contribui para quebrar a noção sobre a existência de comunidades ilhadas entre si, protagonizadas por excluídos e incluídos. O mesmo fazem a educação em massa, o mercado de trabalho e as políticas assistencialistas do Estado, todas elas mecanismos de disseminação dos mesmos valores, em última análise, consumistas para todos os estratos sociais: a educação ao preparar para a participação no mercado; o mercado, ao aproximar pessoas de diversos *backgrounds* sociais na dinâmica do trabalho e ao exigir profissionais dedicados em troca de melhores pagamentos para, novamente, possibilitar maior participação na dinâmica de consumo; as políticas assistencialistas ao facilitarem o consumo por pessoas desfavorecidas,[339] e; a mídia com seus mecanismos de produção de consenso sobre uma boa qualidade de vida – que passa por mais consumo – via notícias e publicidade.

No entanto, os complexos movimentos sociais típicos da modernidade tardia geram problemas que acabam por tornar precária uma efetiva inclusão,[340] havendo uma relação muito próxima entre a afirmação da identidade de um indivíduo dentro de um grupo e a distribuição de recompensas em seu favor.

Enquanto o discurso predominante nos meios de produção de consenso – dentre eles a mídia – é permeado por ideais de meritocracia e, sem dúvidas, assimilado pelo cidadão de classe média, a realidade acaba por se mostrar mais complexa.

---

[338] YOUNG, Jock. La energía en merton, la estructura em katz: la sociología de la represión y la criminología de la trasgresión. *Revista Anthropos*, Barcelona, n. 204, p. 167-175, 2004. p. 170.

[339] YOUNG, Jock. *The exclusive society*: social exclusion, crime and difference in late modernity. Londres: SAGE Publications, 1999. p. 82.

[340] YOUNG, Jock. La energía en merton, la estructura em katz: la sociología de la represión y la criminología de la trasgresión. *Revista Anthropos*, Barcelona, n. 204, p. 167-175, 2004. p. 172.

Em consonância um com o outro, Nilo Batista[341] e Young[342] descrevem um cenário de transição neoliberal tomado por fatores generalizados de descontentamento, tais como a precarização do trabalho, a ameaça da automação de funções, a insegurança nas relações de emprego e a distribuição desigual de recompensas e reconhecimento,[343] que acabam por gerar um sentimento de não pertencimento efetivo ao grupo, uma crise de identidade. É o que o sociólogo Anthony Giddens, citado por Jock Young,[344] denomina de insegurança ontológica.

Além dos dados da realidade que já tornam a inclusão dos excluídos difícil – como oportunidades mais frágeis de ter uma boa educação ou um espaço de trabalho que possibilite que tenha seu esforço reconhecido – a insegurança ontológica professada pelos pretensos incluídos é um fator que acaba por distanciar suas contrapartes – excluídos – ainda mais de uma efetiva assimilação à dinâmica social.

Isso porque essa insegurança peculiar da classe média gera sentimentos generalizados que, traduzidos em condutas, criam um discurso justificante da segregação e da criação de bodes expiatórios. Explica-se, com base na discussão traçada por Jock Young.

O cidadão médio, inibido quanto a seus impulsos e movido pela autodisciplina, que é pressuposto para o comprometimento ao comportamento conforme o ideal do mérito (esforço extenuante consistente, *vestir a camisa*), e, ainda assim, desprovido das recompensas que logicamente se esperaria de um agir esforçado, acaba por nutrir um sentimento negativo contra aqueles que recebem alguma recompensa sem a devida contribuição, e assim conseguem se incluir no mercado de consumo.[345] São os casos, por exemplo, da mãe solteira que recebe pensão, de cidadãos pobres que recebem assistência financeira do

---

[341] BATISTA, Nilo. Mídia e sistema penal no capitalismo tardio. *Biblioteca On-line de Ciências da Computação*. p. 3. Disponível em: http://www.bocc.ubi.pt/pag/batista-nilo-midia-sistema-penal.pdf. Acesso em 10 out. 2018.

[342] YOUNG, Jock. La energía en merton, la estructura em katz: la sociología de la represión y la criminología de la trasgresión. *Revista Anthropos*, Barcelona, n. 204, p. 167-175, 2004. p. 167.

[343] YOUNG, Jock. La energía en merton, la estructura em katz: la sociología de la represión y la criminología de la trasgresión. *Revista Anthropos*, Barcelona, n. 204, p. 167-175, 2004. p. 172.

[344] YOUNG, Jock. La energía en merton, la estructura em katz: la sociología de la represión y la criminología de la trasgresión. *Revista Anthropos*, Barcelona, n. 204, p. 167-175, 2004. p. 173.

[345] YOUNG, Jock. La energía en merton, la estructura em katz: la sociología de la represión y la criminología de la trasgresión. *Revista Anthropos*, Barcelona, n. 204, p. 167-175, 2004. p. 175.

governo, atualmente, no Brasil, quotas para ingresso em universidades, dentre outros.

Portanto, como demonstra Jock Young, em dois trabalhos distintos, essa sensação de rejeição quanto ao outro supostamente privilegiado (embora, em realidade, seja punido pelas circunstâncias ao fazer parte de uma camada social quase que irreversivelmente desfavorecida), que está tomando a recompensa do cidadão esforçado, dá azo a processos de homogeneização[346] e essencialização[347] do *outro*, para o qual a mídia de massa contribui fortemente.

Fala-se de um *outro* em sentido forte, de alguém que não compartilha dos mesmos valores que *nós* – os cidadãos de classe média – e que é responsável pelos problemas que *nós* passamos, concentrando para si todos os privilégios e ações do governo. Opera-se uma construção discursiva da intolerância quanto às características e ao comportamento do *outro*,[348] que, por um lado, une os membros do *nós* em um movimento de coesão social e pertencimento a um grupo de supostas vítimas, e, por outro, torna homogêneos dentro do grupo antagônico cada um dos *outros* problemáticos. Patrick Charaudeau argumenta que "não há tomada de consciência da própria existência sem a percepção da existência de um outro que seja diferente. A percepção da diferença do outro constitui, antes de mais nada, a prova da própria identidade".[349]

A essencialização de que fala Young consiste em atribuir uma essência desviante – daí o nome – a um grupo específico, uma natureza voltada ao desvio. É praticamente inescapável que cada indivíduo membro desse grupo possua, em seu núcleo de valores, a característica desviante e o potencial para causar danos ao grupo diverso.

Com um processo de essencialização e homogeneização em andamento contínuo com a contribuição da mídia de massa – sobretudo ao preferir ocultar os desvios praticados por membros da classe média, ou normalizar comportamentos que seriam considerados mais gravemente

---

[346] YOUNG, Jock. La energía en merton, la estructura em katz: la sociología de la represión y la criminología de la trasgresión. *Revista Anthropos*, Barcelona, n. 204, p. 167-175, 2004. p. 174.

[347] YOUNG, Jock. *The exclusive society*: social exclusion, crime and difference in late modernity. Londres: SAGE Publications, 1999. p. 96.

[348] YOUNG, Jock. *The exclusive society*: social exclusion, crime and difference in late modernity. Londres: SAGE Publications, 1999. p. 97.

[349] CHARAUDEAU, Patrick. Identidade linguística, identidade cultura: uma relação paradoxal. *In*: LARA, Glaucia Proença; LIMBERTI, Rita Pacheco (Orgs.). *Discurso e (des)igualdade social*. São Paulo: Contexto, 2015. p. 18.

desviantes se praticados por quem não pertence a ela – o próximo passo discursivo é o da *demonização do outro*. É a neutralização como única resposta possível. É utilizar o discurso da repressão ao crime, e a suposta essência criminosa da classe subalterna, para exclui-la de vez da dinâmica social e fechar os olhos para os problemas sociais que poderiam estar motivando essa criminalidade.[350] Toma o lugar desse raciocínio a bravata daquele que manda a pessoa *levar o criminoso para casa se está com dó* (é dizer, se simpatiza com os problemas estruturais que podem levar alguém ao crime).

Todo esse processo, construído socialmente com a ajuda dos aparatos de massa – mídia, mercado, educação, etc., – sob uma base de insegurança no emprego, crises de identidade e distribuição desigual de recompensas, leva, como já se antecipou, à construção de uma sensação coletiva de *ressentimento* contra o outro, uma indignação moral que leva à tendência a castigar esse outro,[351] a se vingar dele, eliminando-o, e não apenas almejando um equilíbrio nas recompensas para todos.[352]

Stanley Cohen,[353] ao estudar especificamente o fenômeno da indignação – pânico – moral enquanto dado disseminado ao longo do corpo social, aponta como um de seus principais fatores o trato diferenciado que a mídia de massa oferece aos fatos desviantes, compondo um dos principais aparatos da reação social ao desvio. Como o espectador recebe a informação de segunda mão, após a filtragem que o meio de comunicação faz sobre o que informar e em que contexto posicionar a informação, não raro essa informação chega carregada de argumentos sobre valores essenciais à sociedade que o desvio lesa, deixando no público uma sensação de desamparo, ansiedade e de que algo precisa ser feito a respeito.[354]

Essa base concreta, aliada ao humor coletivo de ressentimento em relação ao outro, foi solo fértil para o fortalecimento das tendências

---

[350] YOUNG, Jock. *The exclusive society*: social exclusion, crime and difference in late modernity. Londres: SAGE Publications, 1999. p. 111.

[351] YOUNG, Jock. La energía en merton, la estructura em katz: la sociología de la represión y la criminología de la trasgresión. *Revista Anthropos*, Barcelona, n. 204, p. 167-175, 2004. p. 175.

[352] YOUNG, Jock. *The exclusive society*: social exclusion, crime and difference in late modernity. Londres: SAGE Publications, 1999. p. 178.

[353] COHEN, Stanley. *Folk devils and moral panics*: the creation of the mods and the rockers. 3. ed. New York: Routledge, 2002. p. 7.

[354] COHEN, Stanley. *Folk devils and moral panics*: the creation of the mods and the rockers. 3. ed. New York: Routledge, 2002. p. 7.

punitivistas que Garland[355] descreveu, entre as décadas de 1970 e 1980, nos Estados Unidos e na Inglaterra, cuja influência desagua, naturalmente, na grande maioria dos países ocidentais sob sua influência. O autor discute que essa época foi prolífica em demonstrações de articulação do descontentamento popular por figuras públicas em suas mensagens midiáticas, especialmente em pronunciamentos e campanhas eleitorais. A já existente indignação moral que permeava a percepção das classes incluídas sobre as excluídas passa a incorporar posicionamentos reacionários e socialmente conservadores, embasados especialmente por discursos de intelectuais americanos de viés de direita religiosa, destaca Garland.[356]

O resultado disso foi a tendência a justificar, com argumentos valorativos conservadores, a impressão de que a fonte da imoralidade que vitimiza o cidadão decente é o comportamento das classes pobres, essencializadas como desviantes. A vítima, pela maior identificação que o público dos meios de comunicação passa a nutrir por ela, toma o protagonismo da narrativa midiática do desvio: o engajamento emocional com a audiência é certo, e é um commodity muito valioso para ser explorado pelos executivos da imprensa.[357]

Sendo assim, pode-se apontar, em sequência lógica, os seguintes pressupostos para a aderência do discurso midiático excludente de hoje em dia: a) a articulação da opinião pública sobre os altos custos e a ineficiência de programas públicos de *welfare*, especialmente com a promessa não cumprida de controle da criminalidade; b) a instabilidade do mercado e o desequilíbrio na distribuição de recompensas, que; b.1) levam o cidadão médio inibido e esforçado a um estado de insegurança ontológica e ressentimento quanto ao *outro*; b.2) ao mesmo tempo em que tornam difícil a concretização dos valores consumistas que assimila continuamente; c) a direção dos argumentos negativos sobre os desequilíbrios de recompensas em direção às classes subalternas, que supostamente não mereceriam os privilégios que possuem e subtraem oportunidades do cidadão médio; d) a construção coletiva de uma identidade de grupo essencialmente desviante em relação a esse *outro*;

---

[355] GARLAND, David. *The culture of control*: crime and social order in contemporary society. Chicago: The University of Chicago Press, 2001. p. 97.

[356] GARLAND, David. *The culture of control*: crime and social order in contemporary society. Chicago: The University of Chicago Press, 2001. p. 99.

[357] GARLAND, David. *The culture of control*: crime and social order in contemporary society. Chicago: The University of Chicago Press, 2001. p. 143.

e) a incorporação de valores reacionários e intolerantes ao discurso dominante e em plataformas políticas, que aprofundaram a distância entre o *cidadão decente vitimizado* e o *outro imoral e desviante*.

Garland[358] recorda que o público não é infinitamente maleável à influência da mídia, e que ela não age sozinha, mas se apoia em condições psicológicas e sociais pré-existentes na massa (como informei, Garland e Young não mencionam expressamente, mas acabam adotando a teoria dos efeitos limitados da mídia). Como se nota, a percepção atual do discurso da mídia sobre o crime não parte de mera insistência dos veículos de massa em tentarem convencer seus espectadores de que determinada classe é perigosa e a fonte maior de crimes e desvio na sociedade. Pelo contrário, teve como pressupostos toda uma gama de contextos sociais e psicológicos que tornaram esse discurso atraente para o cidadão médio (explicados no capítulo passado), e que se converteram, depois, em condutas e políticas concretas (objeto do capítulo seguinte).

5.4 A mídia em ação, parte 2: influência no controle dos indesejados e construção da vulnerabilidade

Tal como a construção de um edifício depende de uma fundação para que as paredes se ergam firmes, a incorporação das mensagens alarmistas sobre o crime – e sua construção em forma de opinião pública – que a mídia de massa transmite também depende de uma fundação. O tópico anterior examinou essa fundação, e o atual se destina a investigar o conteúdo dessas mensagens e os expedientes que permitem, sistematicamente, o aproveitamento dessa base valorativa comum – fundação – para conferir aderência ao discurso punitivo midiático.

A exposição será feita em duas partes, cada uma analisando facetas diferentes do argumento em questão: um aspecto inclusivo, concernente à identificação do público com as vítimas comumente retratadas, e outro excludente, em que a segregação do *outro* é aprofundada ainda mais por meio do discurso de não pertencimento e do antagonismo contra aqueles que pertencem ao grupo do *nós*.

---

[358] GARLAND, David. *The culture of control*: crime and social order in contemporary society. Chicago: The University of Chicago Press, 2001. p. 146.

5.4.1 A vítima funcional

O modelo de persecução penal que predomina na realidade forense atual é um de minimização do papel da vítima: em que pese possa ser representada em juízo via assistência de acusação, o Ministério Público em regra toma seu lugar sob o pretexto do interesse da sociedade em ver um crime punido. A vítima muitas vezes tem seu papel limitado à posição de testemunha no processo, mas sem que sua vontade prevaleça efetivamente na sistemática argumentativa do processo.

Justamente por reconhecer a discrepância que essa espécie de situação gera entre a percepção popular sobre a vitimização e a efetiva vitimização, Jock Young e John Lea[359] defendem mecanismos para se conferir efetiva voz ao indivíduo que se viu lesado pelo crime, o que o primeiro autor denomina de uma *vitimologia radical.*[360]

É dizer, enquanto o senso comum se constrói em torno da impressão de uma predominância de crimes patrimoniais praticados por membros de uma classe desfavorecida contra outros mais favorecidos, as estatísticas demonstram, dentre outras situações, um expressivo índice de pessoas pobres que se veem vítimas de crimes patrimoniais, bem como de uma altíssima taxa oculta de ocorrência de violência doméstica.[361] Graças às impressões deturpadas que os meios de comunicação em massa contribuem para criar em relação aos grupos vulneráveis à vitimização, às condutas de que sua audiência corre o risco de ser vítima, bem como a uma suposta leniência na atuação policial na repressão do crime,[362] o amparo à vítima tende a ser deficiente e deixar de lado uma relevante fração de efetivas vítimas ou de pessoas que correm o risco de sê-las.

Diante disso, Lea e Young[363] defendem que uma política criminal que efetivamente se pauta pela promoção da dignidade das pessoas por esta – política criminal – englobadas, ao mesmo tempo em que leva a sério os riscos e danos reais que o crime provoca, deve também

---

[359] LEA, John; YOUNG, Jock. *¿Que hacer con la ley y el orden?* Buenos Aires: Editores del Puerto, 2001.

[360] YOUNG, Jock. El fracaso de la criminología: la necesidad de un realismo radical. *In: Criminologia crítica y control social 1:* el poder punitivo. Rosario: Editorial Juris, 1993. p. 30.

[361] YOUNG, Jock. El fracaso de la criminología: la necesidad de un realismo radical. *In: Criminologia crítica y control social 1:* el poder punitivo. Rosario: Editorial Juris, 1993. p. 32.

[362] YOUNG, Jock. El fracaso de la criminología: la necesidad de un realismo radical. *In: Criminologia crítica y control social 1:* el poder punitivo. Rosario: Editorial Juris, 1993. p. 29.

[363] YOUNG, Jock. El fracaso de la criminología: la necesidad de un realismo radical. *In: Criminologia crítica y control social 1:* el poder punitivo. Rosario: Editorial Juris, 1993. p. 43.

valorizar o contexto e a dignidade da vítima como indivíduo que sofreu uma lesão e pode ser acolhido pela comunidade em proteção. Propõem, ainda, que se confira um status de maior relevância à vítima no processo, com oportunidade de expor à autoridade judicial a efetiva gradação do dano que sofreu[364] – o que possibilitaria tanto um incremento na punição quanto a amenização de uma acusação excessiva.

No entanto, a proposta de Lea e Young, embora se denomine realista, acaba por ser realista apenas na dimensão do planejamento e de seus pressupostos: acaba reduzida a *plausível* ou *provável*; não se tornou realidade. A realidade que se fez dominante entre as décadas de 1970 e 1980 até hoje, conforme se introduziu ao final do tópico anterior, é um palco de intolerância marcada por uma barreira discursiva que o grupo dominante – em geral classe média ou alta, brancos, heterossexuais, conservadores – impõe para excluir os demais da dinâmica social. A operacionalização dos meios de comunicação em massa e do sistema penal se mostram importantes recursos para alcançar – e a todo momento renovar – essa exclusão.

Nesse ponto o assunto sobre a vítima é retomado. Zaffaroni aponta, em seu livro *A palavra dos mortos*, que o atual contexto do sistema penal é permeado por uma *criminologia midiática*: a onipresença do trato dos meios de comunicação com o crime e sua imbricação no cotidiano do poder punitivo. Considerando a maciça participação da comunicação de massa no dia a dia do cidadão médio e na formação de uma consciência de mundo média, essa hipótese é confirmada pelos próprios fatos.

Diferentemente da criminologia realista de Lea e Young, que incluem a vítima na dinâmica pré-processual e processual penal, para ter sua voz ouvida perante o juízo e influenciar mais efetivamente o curso do processo, e diferentemente também da inspiração criminológica crítica que motiva o discurso garantista que nosso sistema penal *declaradamente* incorpora e que minimiza a participação da vítima no espaço do processo, a criminologia midiática reserva um papel específico a quem assume essa posição.

A imbricação dos meios de comunicação e do sistema penal, no que diz respeito à vítima, funciona sob a seguinte dinâmica: a notícia dramatiza o conflito, o dano que a vítima sofreu, com a habitual

---

[364] LEA, John; YOUNG, Jock. *¿Que hacer con la ley y el orden?* Buenos Aires: Editores del Puerto, 2001. p. 266.

"intensificação e exagero gráfico, temático, linguístico e semântico",[365] o apelo emocional inerente ao sensacionalismo que permeia a grande maioria dos modelos de noticiário pelo mundo. O misto de jornalismo e dramaturgia[366] que praticamente se institucionalizou nos meios de comunicação, apresenta, assim, uma reconstrução já pretensamente acabada do caso penal com recursos de imagem, entrevistas e, a seguir, entrega o mesmo caso pronto – com um culpado, um dano e uma vítima – para o sistema penal cumprir seu protocolo e confirmar a decisão já tomada no noticiário.

Nilo Batista[367] argumenta que a dramatização e a carga emocional presentes nessa espécie de comunicação impedem qualquer pretensão de fidedignidade ao noticiar, tornando, pois, o noticiário, um ato político. Ou seja, o discurso deixa de ser informativo e passa a ser persuasivo.

A *commodificação* da cultura, descrita como tendência atual na dinâmica das comunicações de massa por Baran e Davis,[368] naturalmente não deixa de lado a vítima, que por sua vez é um importante *commodity* aos executivos da mídia.[369]

A exploração da imagem da vítima pela comunicação em massa impulsiona o discurso do controle, aproveitando-se das condições sociais e psicológicas pré-existentes em seu público médio. A vítima funcional, como se infere de Zaffaroni,[370] é aquela selecionada por se encaixar no papel esperado pelo discurso midiático do controle: alguém que gere identificação junto ao público predominante – "um amplo setor social" – e que expresse uma quantidade relevante de sofrimento e insegurança.

---

[365] SARKIS, Jamilla; VIANNA, Túlio. Execrando suspeitos para atrair audiência: o uso de concessões públicas de TV para a prática de violações do direito constitucional à imagem. *In*: SOUZA, Bernardo de Azevedo e; SOTO, Rafael Eduardo de Andrade (Orgs.). *Ciências criminais em debate*: perspectivas interdisciplinares. Rio de Janeiro: Lumen Juris, 2015. p. 789.

[366] NEGRINI, Michelle; TONDO, Rômulo. Espetacularização e sensacionalismo: reflexões sobre o jornalismo televisivo. *In*: *Congresso Brasileiro de Ciências da Comunicação, 22, Anais...*, Curitiba, Intercom – Sociedade Brasileira de Estudos Interdisciplinares da Comunicação, 2009. p. 2.

[367] BATISTA, Nilo. Mídia e sistema penal no capitalismo tardio. *Biblioteca On-line de Ciências da Computação*. p. 6. Disponível em: http://www.bocc.ubi.pt/pag/batista-nilo-midia-sistema-penal.pdf. Acesso em 10 out. 2018.

[368] BARAN, Stanley J.; DAVIS, Dennis K. *Mass communication theory*: foundations, ferment and future. 7. ed. Stamford, Connecticut: Cengage Learning, 2013. p. 328.

[369] GARLAND, David. *The culture of control*: crime and social order in contemporary society. Chicago: The University of Chicago Press, 2001. p. 143.

[370] ZAFFARONI, Eugenio Raúl. *A palavra dos mortos*: conferências de criminologia cautelar. São Paulo: Saraiva, 2014. p. 320.

A identificação gerada é um pressuposto que facilita que o público assimile essa insegurança, pautando uma impressão generalizada de medo contra o crime. O telespectador que vê eternizada a imagem do luto não elaborado da vítima, ou de sua família, tem argumentos mais do que convincentes para temer com todas as suas forças virar a próxima vítima.[371]

Anelise Schütz Dias e Isabel Padilha Guimarães[372] discutem, com base em estatísticas, tanto do Reino Unido quanto do Brasil, que as vítimas funcionais geralmente são mulheres brancas de classe média ou média-alta: ganham o maior espaço de exibição nos noticiários apesar de não serem o maior estrato social vitimado pelo total dos crimes que efetivamente acontecem. A vítima, por exemplo, moradora da favela que sofre um assalto à noite enquanto voltava do trabalho, ou que sofre violência doméstica, ou que morre em uma briga entre bêbados no bar não é tão funcional, porque não reproduz a ideia de insegurança e risco para o grupo incluído.

Portanto, percebe-se uma clara inversão na distribuição de papeis de vítima, operada na transição entre o paradigma do *welfare* e o predominante, conservador. Enquanto o paradigma inclusivo do bem-estar via o criminoso como vítima da estrutura social, direcionando seu aparato para assimilá-lo e reduzir sua vitimização, o modelo excludente segrega discursivamente os grupos dos já incluídos e dos já excluídos, não mais utilizando o discurso majoritário para favorecer ou buscar incluir os excluídos, e expondo como vítimas apenas aqueles incluídos que sofrem danos por parte de pessoas de fora de seu grupo.

Ao agir privilegiando – ou explorando – a vítima funcional, o noticiário cumpre tanto o objetivo de cativar a audiência quanto de pautar uma percepção coletiva mais grave sobre a violência, já que retrata a criminalidade como uma realidade muito mais íntima de parte expressiva de seu público, que percebe um risco maior de ser vítima de comportamentos imorais e lesivos vindo dos *outros*.[373] A mensagem que permanece nas entrelinhas é que você, telespectador, pode ser a

---

[371] ZAFFARONI, Eugenio Raúl. *A palavra dos mortos*: conferências de criminologia cautelar. São Paulo: Saraiva, 2014. p. 321.

[372] DIAS, Annelise Schütz; GUIMARÃES, Isabel Padilha. Mídia noticiosa, crime e violência: discussões teóricas. *Sistema Penal & Violência*, Rio Grande do Sul, v. 6, n. 2, p. 280-291, jul./ dez. 2014. p. 284.

[373] DIAS, Annelise Schütz; GUIMARÃES, Isabel Padilha. Mídia noticiosa, crime e violência: discussões teóricas. *Sistema Penal & Violência*, Rio Grande do Sul, v. 6, n. 2, p. 280-291, jul./ dez. 2014. p. 286.

próxima vítima: o âncora das notícias funciona tanto como uma figura de alarme quanto como uma figura quase paternal, que ensina cautela.[374]

Outra relevante consequência da figura da vítima funcional é a dimensão de reafirmação identitária que advém do discurso da vítima, que Garland e Young, principalmente, já analisaram.

Garland,[375] como já se fez referência em momento anterior, denota a predominância de argumentos de vitimização do cidadão decente pelos pobres no discurso hegemônico dos debates políticos e da comunicação em massa. Young, em sentido semelhante, argumenta que a sensação de falta de pertencimento do cidadão da classe média à integralidade da dinâmica social, com o desequilíbrio na distribuição de recompensas e a insegurança ontológica já discutidos, leva à incorporação de um sério ressentimento ao humor coletivo.

O ressentimento, a insegurança, a indignação contra o *outro* e o medo de ser da vítima são signos identitários fortes do cidadão alvo do discurso dos meios de comunicação.[376] Portanto, para que o veículo de mídia garanta estar sempre *falando a língua* do público, deve garantir também que as informações que exibe, e como decide exibi-las, também tenha como pauta esses mesmos signos.

Com isso, o programa captura e mantém seu índice desejado de audiência, e os membros dessa audiência ganham, em troca, a reafirmação de sua identidade dentro do coeso grupo de cidadãos de bem, trabalhadores, que reconhecem e temem o risco de serem vítimas de crimes praticados pelos pobres e imorais, enquanto o mundo exterior segue movido por supostas injustiças e privilégios mal distribuídos para quem não se esforça tanto quanto *nós*.

5.4.2 O suspeito execrado

O título do presente subtópico homenageia o artigo, escrito pelos pesquisadores mineiros Túlio Vianna e Jamilla Sarkis, denominado

---

[374] SARKIS, Jamilla; VIANNA, Túlio. Execrando suspeitos para atrair audiência: o uso de concessões públicas de TV para a prática de violações do direito constitucional à imagem. *In*: SOUZA, Bernardo de Azevedo e; SOTO, Rafael Eduardo de Andrade (Orgs.). *Ciências criminais em debate*: perspectivas interdisciplinares. Rio de Janeiro: Lumen Juris, 2015.

[375] GARLAND, David. *The culture of control*: crime and social order in contemporary society. Chicago: The University of Chicago Press, 2001. p. 97.

[376] DIAS, Annelise Schütz; GUIMARÃES, Isabel Padilha. Mídia noticiosa, crime e violência: discussões teóricas. *Sistema Penal & Violência*, Rio Grande do Sul, v. 6, n. 2, p. 280-291, jul./dez. 2014. p. 286.

Execrando suspeitos para atrair audiência. No texto, os autores analisam como noticiários policiais se utilizam de expedientes sensacionalistas como o exagero linguístico, a dramatização das narrativas e o posicionamento do âncora do programa como uma autoridade em moral e em segurança pública para, em troca, forçar que o público consuma o conteúdo de um caso penal devidamente reconstruído, com uma vítima lesada e um suspeito culpado acima de qualquer dúvida.

Os *suspeitos usuais* exibidos nessa espécie de programa acabam por coincidir com os clientes usuais do sistema penal brasileiro, os mais vulneráveis que, em regra, não possuem condições de se protegerem juridicamente das investidas do punitivismo, nem de protegerem sua imagem das investidas sensacionalistas. Conforme Vianna e Sarkis[377] demonstram, esses sujeitos são alvo de toda espécie de um discurso moralista que tende a apontar cada traço de seu comportamento como perverso, e a clamar ao *cidadão de bem* que se cerque dos cuidados necessários para que também não caia vítima nessa espécie de situação.

A situação descrita por Vianna e Sarkis diz respeito aos famosos noticiários policiais, tais como *Cidade Alerta, Brasil Urgente*, dentre outros. Esses veículos notadamente sensacionalistas não gastam esforços para disfarçar uma suposta imparcialidade. Pelo contrário, assumem sua posição ao lado da moral e do cidadão de bem, e praticamente declaram uma guerra contra a criminalidade e a imoralidade.

A situação mais complexa, como se percebe em Zaffaroni,[378] não é o predomínio dessa espécie de noticiário policialesco que escorre sangue na programação de um canal, ou mesmo seu alto índice de audiência. Por outro lado, a situação se agrava ainda mais quando os meios ordinários – por exemplo, o jornal local que Globo e Record, campeãs de audiência, transmitem – são transformados em instrumentos de proliferação desse pânico moral.

É dizer, quando se noticia tais crimes cometidos de tais formas contra tais pessoas, e se intercala com outras notícias sobre economia, política, cultura, dentre outros assuntos do cotidiano do cidadão, o crime – do pobre contra o *cidadão de bem* – passa, efetivamente, a fazer

---

[377] SARKIS, Jamilla; VIANNA, Túlio. Execrando suspeitos para atrair audiência: o uso de concessões públicas de TV para a prática de violações do direito constitucional à imagem. *In*: SOUZA, Bernardo de Azevedo e; SOTO, Rafael Eduardo de Andrade (Orgs.). *Ciências criminais em debate*: perspectivas interdisciplinares. Rio de Janeiro: Lumen Juris, 2015. p. 791.

[378] ZAFFARONI, Eugenio Raúl. *A palavra dos mortos*: conferências de criminologia cautelar. São Paulo: Saraiva, 2014. p. 327.

parte desse cotidiano e de sua visão de mundo. O efeito é mais insidioso do que aquele produzido no telespectador que sintoniza no noticiário policial, com seus repórteres pairando como urubus sobre as delegacias e cenas de crime, apenas para assistir o grande crime do dia, e não espera se deparar com a notícia sobre as flutuações do mercado, ou sobre a escalação de seu time de futebol, ou se inteirar sobre o mundo a sua volta de um modo mais abrangente. As realidades, de alguma forma, ainda se separam um pouco nesse segundo cenário.

E para que os noticiários ordinários construam essa impressão não é necessário um esforço de fabricação da verdade à *la 1984*, de George Orwell. Basta que o noticiário se omita sobre algum outro fato relevante que enfraqueça essa percepção do cidadão de bem vitimado, ou mesmo que se pronuncie a respeito, mas em uma intensidade ínfima em relação a outro fato que concorde com a pauta excludente,[379] recebendo esse último toda a fluida atenção do telespectador, capturada pelo dinamismo da exibição das informações, típico dos meios de massa.[380]

Uma das maiores provas do sucesso do discurso de exclusão do outro pela via do sistema penal – além de fenômenos como o encarceramento em massa no Brasil – é a aderência de seus argumentos por usuários de redes sociais. Como as redes sociais são espaços de troca de informações entre indivíduos, que exprimem suas próprias opiniões e validam opiniões das quais concordam via *likes* ou *retweets*, e como todas essas interações podem ser mensuradas por números, a validação de um determinado discurso por um número expressivo de usuários de redes sociais sempre será um termômetro muito eficiente sobre a incorporação desse discurso no senso comum de um grupo social.

Fenômeno relativamente recente e de consequências e alcance sempre mutável, a relevância das redes sociais e sua íntima relação com o discurso excludente sobre o crime e o desvio é analisada em artigo de Gustavo Noronha de Ávila e Marcelo Butelli Ramos. Os autores mencionados analisam o comportamento de usuários em páginas do Facebook, no trato da questão criminal, e denota-se de seu texto a incorporação do senso comum punitivista nas interações que se desenvolvem na rede.

---

[379] ZAFFARONI, Eugenio Raúl. *A palavra dos mortos*: conferências de criminologia cautelar. São Paulo: Saraiva, 2014. p. 312.

[380] CARVALHO, Salo de. *Antimanual de criminologia*. 4. ed. Rio de Janeiro: Lumen Juris, 2011. p. 33.

Os autores argumentam que o discurso majoritário nas redes sociais é muito mais explícito no que diz respeito à indignação do usuário/cidadão com o crime, seus argumentos se aproximando mais dos argumentos típicos do noticiário sensacionalista – e radicalizando ainda mais a linguagem, com xingamentos e ilações de toda sorte, o que ainda é um limite para o horário nobre da TV –, do que da moderação do noticiário tradicional, apenas excludente em suas entrelinhas. O cidadão com voz no espaço da rede social busca na indignação contra o crime, contra os *direitos humanos do bandido* e contra toda espécie de imoralidade "signos de conformidade/identidade com aquilo que acredita ser o 'todo social'":[381] o usuário da rede se considera um cidadão de bem, ao se opor vocalmente contra o mal dos crimes cometidos pelos excluídos e, tal como o âncora do noticiário policial,[382] defender toda sorte de práticas autoritárias, como abuso de autoridade, execuções extrajudiciais (*bandido bom é bandido morto*) e outras espécies de violência policial.

Alain de Botton apresenta posição semelhante, em seu livro *Notícias*, ao tratar sobre as caixas de comentários em portais de notícias na internet. Com uma dinâmica semelhante à das redes sociais em relação à possibilidade de expressão individual (e o encorajador anonimato), esses espaços revelam, consistentemente, "um nível de indignação até há pouco inimaginável na população".[383] Essa expressão individual, seja por redes sociais ou comentários, denota a aderência do discurso punitivista da grande mídia – criminologia midiática – no senso comum expressado por parte considerável de seu público.

É de relevo a análise desse fenômeno, ainda que breve, do ponto de vista expressado por Howard Becker em seu livro *Outsiders*, com o *labelling approach*, que se tornou célebre enquanto discurso criminológico, além de uma das relevantes bases para a consolidação da criminologia crítica.

Becker, fundamentado pela tradição do interacionismo simbólico, que visa a reconhecer as diversas práticas e interações que são construídas no âmbito da sociedade por meio do discurso, argumenta que o que se

---

[381] ÁVILA, Gustavo Noronha de; RAMOS, Márcio Buttelli. Eu, vigilante: (Re)discutindo a cultura punitiva contemporânea a partir das redes sociais. *Revista de Estudos Criminais*, São Paulo, a. XII, n. 52, p. 145-162, 2014. p. 159.

[382] SARKIS, Jamilla; VIANNA, Túlio. Execrando suspeitos para atrair audiência: o uso de concessões públicas de TV para a prática de violações do direito constitucional à imagem. *In*: SOUZA, Bernardo de Azevedo e; SOTO, Rafael Eduardo de Andrade (Orgs.). *Ciências criminais em debate*: perspectivas interdisciplinares. Rio de Janeiro: Lumen Juris, 2015. p. 794.

[383] BOTTON, Alain de. *Notícias*: manual do usuário. Rio de Janeiro: Intrínseca, 2014. p. 48.

reconhece majoritariamente como desvio ou desviante – e, consequentemente, crime ou criminoso – é, na realidade, o resultado de um processo que pauta uma reação social negativa – alguma sanção – contra essa conduta que vem a ser rotulada desviada, e não, necessariamente, algo ontologicamente desviante, lesivo.[384] A hipótese de Becker em termos abstratos já foi explicitada em tópico próprio, então a referência no atual momento do texto será abreviada.

Importa analisar a adequação da abordagem do etiquetamento, enquanto hipótese de investigação, à realidade fática da imbricação entre mídia de massa e crime. Como Becker[385] aponta, o processo de produção de regras e de seu reforço por meio da distribuição dos *rótulos* de desviante pressupõe uma situação de predominância de um determinado grupo social sobre outro, grupos esses predominantes, que se denominam *empresários morais*. Vários grupos sociais coexistem e se motivam por conjuntos distintos de regras, mas para que uma regra seja criada e assimilada como predominante e passível de uma sanção oficial, o empresário moral – que pode ser um político, uma classe profissional, dentre outros – deve cumprir o seu trabalho de assimilá-la ao discurso, este, também, oficial.

Há que se considerar com parcimônia a posição de Becker, no entanto, para que não se caia em uma percepção de que nenhum conflito ou nenhuma lesão seriam reais, sendo todos construídos socialmente. Há o risco de se concluir extremos, como uma lesão real que não constituiria um desvio pelo fato de eventualmente não gerar reação social, ou uma conduta não lesiva gerar uma reação social e, por isso, atrair para o seu agente o rótulo de desviante. Até exemplos como o consumo de drogas que, sabidamente, geram danos apenas ao próprio usuário, são interpretados sob a lente argumentativa de uma lesão difusa, e, honestamente, dificilmente defensável sem uma ginástica argumentativa à saúde pública.

A utilidade da abordagem do etiquetamento é a de evidenciar a *intensidade* com que o desvio é considerado:[386] a conduta é *mais desviante* ou *menos desviante*, lesa a regra em uma intensidade maior ou

---

[384] BECKER, Howard S. *Outsiders*: estudos de sociologia do desvio. Rio de Janeiro: Zahar, 2008. p. 22.

[385] BECKER, Howard S. *Outsiders*: estudos de sociologia do desvio. Rio de Janeiro: Zahar, 2008. p. 27.

[386] Em outras palavras, a intensidade da resposta ao desvio é uma construção social mais aleatória do que a definição do que vem a ser desvio.

menor. Se o indivíduo é *outsider*, ou seja, pertence a um grupo social do qual já se espera o desvio, o discurso excludente tende a impor uma sanção ainda mais grave pela reprovação moral, por levar uma vida em desconformidade com as regras majoritárias, estas merecendo reforço com maior rigor no caso, desde a primeira resposta pela polícia, até o tempo de pena e as condições de seu cumprimento. Sendo um *insider*, por outro lado, e por mais que venha a gerar o mesmo dano em concreto, o indivíduo é um de *nós* e demandaria uma resposta oficial mais "leniente" (podendo ser sinônimo de "leniente" a aplicação dos direitos e garantias atribuídos pelo ordenamento à pessoa acusada) por já ter como assimiladas essas regras.

O etiquetamento, conforme evidenciado por Becker, é um importante mecanismo de defesa colocado à disposição dos empresários morais, uma vez que pauta a reação social de modo muito mais grave contra grupos de fora, em comparação com desvios ocorridos dentro de grupos hegemônicos. Além disso, neutraliza os indesejáveis que viessem a *interferir* no *status quo* com suas demandas inclusivas ou demais pautas prejudiciais aos interesses dominantes.

Zaffaroni[387] interpreta a abordagem do etiquetamento sob as lentes da criminologia midiática, evidenciando o discurso dominante de desmonte do Estado de bem-estar social – que, na América Latina, nunca foi implementado por completo – e a exclusão discursiva de *amplos setores da população* da dinâmica social, substituída pela inclusão nos mecanismos de controle do sistema penal. Essa exclusão, prossegue o autor argentino,[388] é feita sob o clamor popular atiçado pelos empresários morais, como jornalistas, formadores de opinião ou políticos oportunistas. É dizer, a reação social e a distribuição de rótulos é feita com maior assertividade sob a pauta do discurso dos empresários morais.

A discussão da obra de outro autor também contribui para enxergar outros caracteres sociais nessa inclusão. Trata-se da obra *Estigma*, de Erving Goffman, texto esclarecedor sobre a dinâmica da exclusão social de indesejados, ou *estigmatizados*.

Publicado pela primeira vez em 1963, Goffman ainda não levava em consideração a comunicação de massa como um recurso de exclusão,

---

[387] ZAFFARONI, Eugenio Raúl. *A palavra dos mortos*: conferências de criminologia cautelar. São Paulo: Saraiva, 2014. p. 317.

[388] ZAFFARONI, Eugenio Raúl. *A palavra dos mortos*: conferências de criminologia cautelar. São Paulo: Saraiva, 2014. p. 322.

até porque a evolução exponencial do papel da televisão na vida da família média ocidental foi um dado que se presenciou a partir de meados da década de 1960 em diante. É um cenário, portanto, que sucedeu à investigação do autor. De todo modo, a análise de sua obra contribui para, comparativamente, definir pontos relevantes do discurso midiático sobre a exclusão e estigmatização.

O principal fator de debate reside no trato da sociedade com os estereótipos. Goffman[389] discute que a resposta pautada pelo estereótipo é comum como primeiro contato, mas que, após o estabelecimento de novas interações com o indivíduo estereotipado, a relação se torna mais íntima e se pode ver para além do estereótipo.

A realidade da mídia de massa e, assim, a criminologia midiática, impedem esse aprofundamento de acontecer. A comunicação massiva em sua essência é imediata e privilegia conclusões parciais, conforme já se discutiu com Botton.[390] Logicamente, o meio de comunicação se limita a trabalhar com os estereótipos de quem vem a ser retratado nas notícias, uma vez que aprofundar na narrativa de vida e na intimidade do retratado colide fortemente com a exigência do dinamismo do noticiário: há outros assuntos na pauta. A história de vida do criminoso reportado é substituída pelo estereótipo correspondente, o que economiza espaço editorial.

Com isso, o noticiário sobre o crime se torna o próprio reforço do estereótipo: estatisticamente, o telespectador é levado a pensar que muitas das pessoas que cumprem com um estereótipo tendem a cometer crimes. Zaffaroni provoca: "não é necessário verbalizar para comunicar que a qualquer momento os parecidos farão o mesmo que o criminoso".[391]

O domínio dos estereótipos no discurso midiático em muito contribui para o processo de essencialização do outro descrito por Jock Young[392] e já analisado no tópico anterior. Em síntese, trata-se do recurso argumentativo de reduzir um determinado grupo social a uma suposta essência: para o avanço da pauta excludente, essa essência é o crime.

---

[389] GOFFMAN, Erving. *Estigma*: notas sobre a manipulação da identidade deteriorada. 4. ed. Rio de Janeiro: LTC Editora, 1988. p. 46.

[390] BOTTON, Alain de. *Notícias*: manual do usuário. Rio de Janeiro: Intrínseca, 2014. p. 24.

[391] ZAFFARONI, Eugenio Raúl. *A palavra dos mortos*: conferências de criminologia cautelar. São Paulo: Saraiva, 2014. p. 307.

[392] YOUNG, Jock. *The exclusive society*: social exclusion, crime and difference in late modernity. Londres: SAGE Publications, 1999. p. 96.

Ou seja, é da essência do grupo excluído o cometimento de crimes, motivo pelo qual merece continuar sendo excluído, de preferência antes mesmo que cause uma lesão. A essencialização se torna *demonização*:[393] os culpados pelo problema do crime são os excluídos, professa o discurso excludente.

Essencializar o outro implica, automaticamente, se incluir do lado de fora da essência problemática. Significa se identificar socialmente com o grupo incluído, não essencializado, que faz parte da solução. Vocalizar a indignação quanto à essência imoral e desviante do grupo excluído é um importante signo de afirmação de identidade, conforme Ávila e Butelli[394] já argumentaram ao examinar o fenômeno nas redes sociais.

Stanley Cohen,[395] por exemplo, analisa o trato que os meios de comunicação em massa reservavam às subculturas *rocker* e *mod*, na Inglaterra dos anos 1960: uma linguagem deliberadamente exagerada que pretendia encaixar o máximo possível de traços de seu comportamento em noções de desvio, contexto em que era práxis "[t]he regular use of phrases such as 'riot', 'orgy of destruction', 'battle', 'attack', 'siege', 'beat up the town' and 'screaming mob'.[396] O que Cohen descreve como a reação social aos traços culturais – essencializados – das culturas *rocker* e *mod* britânicas pode, hoje em dia no Brasil, ser assemelhado com a reação majoritária a expressões do funk carioca, do rap, da cultura das favelas e expressões que, em sentido semelhante, enaltecem as virtudes e as visões de mundo das classes desfavorecidas.

O discurso de exclusão que se segue à essencialização, como demonstra a linguista Diana Pessoa de Barros, é marcadamente passional, "com ênfase nas paixões do medo e ódio", e seu caráter de sanção contra a ameaça que os *outros* representam "a nosso modo de ser, de pensar, de agir".[397]

---

[393] YOUNG, Jock. *The exclusive society*: social exclusion, crime and difference in late modernity. Londres: SAGE Publications, 1999. p. 110.

[394] ÁVILA, Gustavo Noronha de; RAMOS, Márcio Buttelli. Eu, vigilante: (Re)discutindo a cultura punitiva contemporânea a partir das redes sociais. *Revista de Estudos Criminais*, São Paulo, a. XII, n. 52, p. 145-162, 2014. p. 156.

[395] COHEN, Stanley. *Folk devils and moral panics*: the creation of the mods and the rockers. 3. ed. New York: Routledge, 2002. p. 20.

[396] Em tradução livre: "o constante uso de termos como 'rebelião', 'orgia de destruição', 'batalha', 'ataque', 'cerco', 'destruição da cidade' e 'gangue escandalosa'".

[397] BARROS, Diana Pessoa de. Intolerância, preconceito e exclusão. *In*: LARA, Glaucia Proença; LIMBERTI, Rita Pacheco (Orgs.). *Discurso e (des)igualdade social*. São Paulo: Contexto, 2015. p. 63.

É uma espécie de discurso de natureza cautelar, preventivo, no sentido que antevê um risco e busca pautar uma resposta oficial para que esse risco não se implemente. A notícia alarmista sobre o crime nada mais é do que um aviso de que o risco se implementou, e clama para que as agências de repressão tomem uma atitude para que não ocorra novamente. É a característica da *previsão*, sempre presente nos pânicos morais, que pressupõe que aquele desvio que ocorreu inevitavelmente aconteceria de novo, por ser da natureza do grupo social X agir dessa forma.[398]

Zaffaroni[399] descreve um fenômeno de causalidade mágica que anima a atuação da criminologia midiática: o imediatismo do sofrimento da vítima, e a premência do risco de que novas vítimas surjam, gera a demanda por uma resposta. Essa resposta sempre será impossível, visto que, em se tratando de um crime, não há qualquer demanda que a mídia de massa possa veicular que faça com que o fato deixe de ter existido.

A resposta válida, nessa relação de causalidade, vem e é incorporada pelas agências oficiais, nos formatos de naturalização da violência contra o *outro*,[400] demandas de incremento punitivo como forma de proteção contra os riscos de vitimização[401] e severidade na aplicação ou mesmo não aplicação de garantias fundamentais em favor do suspeito ou réu,[402] sendo frequente que o cenário midiático aponte o devido processo legal como um verdadeiro estorvo à necessidade, quase que em um ato de fé, de que uma pena deva ser aplicada o quanto antes, diante da grave conduta que foi objeto da notícia.[403]

---

[398] COHEN, Stanley. *Folk devils and moral panics*: the creation of the mods and the rockers. 3. ed. New York: Routledge, 2002. p. 26.

[399] ZAFFARONI, Eugenio Raúl. *A palavra dos mortos*: conferências de criminologia cautelar. São Paulo: Saraiva, 2014. p. 312.

[400] ZAFFARONI, Eugenio Raúl. *A palavra dos mortos*: conferências de criminologia cautelar. São Paulo: Saraiva, 2014. p. 311.

[401] DIAS, Annelise Schütz; GUIMARÃES, Isabel Padilha. Mídia noticiosa, crime e violência: discussões teóricas. *Sistema Penal & Violência*, Rio Grande do Sul, v. 6, n. 2, p. 280-291, jul./ dez. 2014. p. 285.

[402] SARKIS, Jamilla; VIANNA, Túlio. Execrando suspeitos para atrair audiência: o uso de concessões públicas de TV para a prática de violações do direito constitucional à imagem. *In*: SOUZA, Bernardo de Azevedo e; SOTO, Rafael Eduardo de Andrade (Orgs.). *Ciências criminais em debate*: perspectivas interdisciplinares. Rio de Janeiro: Lumen Juris, 2015. p. 789.

[403] BATISTA, Nilo. Mídia e sistema penal no capitalismo tardio. *Biblioteca On-line de Ciências da Computação*. p. 4. Disponível em: http://www.bocc.ubi.pt/pag/batista-nilo-midia-sistema-penal.pdf. Acesso em 10 out. 2018.

Quanto a esse último ponto, tanto Vianna e Sarkis[404] quanto Zaffaroni[405] apontam a suscetibilidade, comumente verificada em juízes expostos à pressão jornalística, aos argumentos populistas veiculados pela criminologia midiática: a negação de garantias, a condenação a uma pena desproporcional ao efetivo dano, ou a manutenção de uma prisão preventiva ilegal. Esses são expedientes dos mais comuns quando o público busca, junto ao judiciário, uma resposta que supostamente vá acalmar seu clamor e seus impulsos vingativos, reduzir o sentimento de impunidade e aplicar uma medida considerada, por esse mesmo público, como mais justa do que aquelas previstas em uma supostamente leniente legislação penal.

Como Alexandre Morais da Rosa ilustra, ao citar passagem de Nilo Batista, "acreditar em bruxas costuma ser a primeira condição de eficiência da justiça criminal".[406]

Para concluir e formatar uma síntese das ideias até o momento expressadas, a exclusão de desfavorecidos pelo sistema penal se sustenta em um conflito discursivo consistentemente reforçado entre *nós*, cidadãos de bem, trabalhadores e esforçados, e *outros* injustamente privilegiados e imorais, de essência criminosa. A essencialização e a resposta estereotípica – inclusive a oficial – diante do *outro* são signos de afirmação da identidade dominante dos incluídos, além de um mecanismo de defesa contra os ataques a essa identidade, em detrimento dos excluídos que se deparam com barreiras cada vez mais fortes a uma efetiva inclusão na dinâmica social.

---

[404] SARKIS, Jamilla; VIANNA, Túlio. Execrando suspeitos para atrair audiência: o uso de concessões públicas de TV para a prática de violações do direito constitucional à imagem. *In*: SOUZA, Bernardo de Azevedo e; SOTO, Rafael Eduardo de Andrade (Orgs.). *Ciências criminais em debate*: perspectivas interdisciplinares. Rio de Janeiro: Lumen Juris, 2015. p. 789.

[405] ZAFFARONI, Eugenio Raúl. *A palavra dos mortos*: conferências de criminologia cautelar. São Paulo: Saraiva, 2014. p. 315.

[406] MORAIS DA ROSA, Alexandre. *Decisão no processo penal como bricolage de significantes*. 443 f. Tese (Doutorado) – Universidade Federal do Paraná, Curitiba, 2004. p. 215.

6

O JUIZ TAMBÉM É TELESPECTADOR OU: A CONTAMINAÇÃO DA DECISÃO JUDICIAL PELA PRESSÃO MIDIÁTICA E O QUE A DOGMÁTICA PENAL TEM A DIZER SOBRE ISSO

"Eu [Celso de Mello] imaginava que isso [pressão da mídia para que votasse contra o pedido dos réus] pudesse ocorrer e não me senti pressionado. Mas foi insólito esse comportamento. Nada impede que você critique ou expresse o seu pensamento. O que não tem sentido é pressionar o juiz. É muito perigoso qualquer ensaio que busque subjugar o magistrado, sob pena de frustração das liberdades fundamentais reconhecidas pela Constituição. É inaceitável, parta de onde partir. Sem magistrados independentes jamais haverá cidadãos livres".[407]

6.1 Introduzindo o último ato da presente narrativa

Em respeito à tradição acadêmica de se estruturar um trabalho a partir de sua divisão em resultados de pesquisa e confrontação desses resultados em face do tema e da hipótese propostos, o presente capítulo realizará uma discussão em conjunto dos dois pontos suscitados ao

---

[407] BERGAMO, Mônica. Celso de Mello: nunca a mídia foi tão ostensiva para subjugar um juiz. *Folha de S. Paulo*, São Paulo, 26 set. 2013. Disponível em: https://m.folha.uol.com.br/colunas/monicabergamo/2013/09/1347507-nunca-a-midia-foi-tao-ontensiva-para-subjugar-um-juiz-diz-ministro-celso-de-mello.shtml. Acesso em 04 dez. 2020.

longo de momentos anteriores na presente dissertação: o estado da arte do estudo da culpabilidade na dogmática penal crítica, simbolizado pela culpabilidade pela vulnerabilidade, e os sutis, porém consistentes, métodos de exclusão social operados pela mídia de massa, com a incontestável influência que exerce em seu público.

Para tanto, as informações até então colhidas serão analisadas sob o foco da hipótese traçada, de que a mídia de massa pauta uma percepção distorcida sobre a criminalidade na sociedade, influenciando níveis ainda mais expressivos de exclusão social, sobretudo por meio do aparato oficial de persecução penal.

De modo a se apresentar uma argumentação o mais completa possível, a discussão será fundamentada pela retomada de informações já colhidas entre os capítulos 2 e 5, com eventuais contribuições de autores que analisam o fenômeno da decisão judicial a partir de um ponto de vista sociológico ou político, confrontando-os com o senso comum dos juristas de que a decisão judicial é um ato meramente jurídico de subsunção do fato à norma. Autores ligados à criminologia crítica e a uma dogmática penal crítica tendem a fornecer valiosas contribuições em análises nesses termos, uma vez que um dos mais relevantes focos da crítica dogmática é a revelação das entrelinhas da atuação do sistema penal, o discurso real que se oculta atrás das categorias jurídicas e se legitima por elas.

Esse trabalho mesmo, como vale recordar, parte de uma matriz de dogmática penal crítica, base comum de pensamento de autores como Alessandro Baratta, Eugenio Raúl Zaffaroni, Vera Andrade, René Van Swaaningen, dentre outros referenciados ao longo do capítulo 2.

A premissa, em síntese, é a de que o discurso penal deve se valer, expressamente, de dados da realidade que existe à sua volta, da sistemática exclusão a que, sobretudo, negros, pobres e jovens são submetidos, para programar decisões judiciais que reconheçam essas vulnerabilidades e visem a reduzir os danos até então já infligidos, e não se utilizem de um discurso pretensamente legítimo – ou legitimado pelas categorias do direito – para, nas entrelinhas, avançar ainda mais a pauta excludente.

No caso do presente trabalho, optei, por razões metodológicas, por analisar a influência da mídia de massa sob o prisma da culpabilidade, que percebi ser a categoria jurídica que mais corre o risco de sofrer influências ocultas no discurso da decisão judicial, compreendendo, não raro, juízos de valor de caráter moral ou, de qualquer outro modo, excludente.

Além de se analisar a conformidade da atuação da mídia de massa com a formulação teórica da culpabilidade por vulnerabilidade, a título de hipótese, pretende-se também examinar como esse instituto poderia influenciar concretamente na decisão judicial, utilizado persuasivamente pela defesa e incorporado na fundamentação da decisão pelo magistrado. Desse modo, objetiva-se proporcionar à comunidade jurídica um modelo estratégico que possa ser aplicado no cotidiano forense com uma finalidade expressa de redução de danos e programação de uma pena dentro dos limites razoáveis delineados pelo ordenamento jurídico vigente.

Portanto, como já se antecipou nesse momento introdutório, o presente capítulo será esquematizado, primeiramente, discutindo-se sobre as entrelinhas ou discursos latentes que geralmente compõem uma decisão judicial, passando-se para a confrontação da hipótese por via de uma análise conjunta da culpabilidade pela vulnerabilidade e os expedientes excludentes operados pela mídia de massa, finalizando-se com uma análise mais concreta de como a vulnerabilidade poderia ser aferida em juízo para fim de valoração da culpabilidade do indivíduo.

6.2 As entrelinhas da decisão judicial, o juiz telespectador e o júri: sobre sociologia da punição e discursos latentes

Uma das maiores manifestações do senso comum teórico compartilhado pelos juristas consiste, principalmente, em crer que aquilo que a doutrina aponta como *dever ser*, de fato, é. Enquanto o *mainstream* dogmático leva a acreditar que é justo e desejável para o sentimento coletivo que uma decisão judicial seja tomada de modo imparcial, com o respeito à ampla defesa, à isonomia entre as partes e ao contraditório, sobretudo em sua dimensão de capacidade efetiva de influenciar a tomada da decisão, a realidade se mostra mais colorida e desigual.

Juarez Cirino dos Santos[408] praticamente introduz seu manual sobre a parte geral do Código Penal evidenciando esse fato: o discurso penal que comumente se estuda e se reproduz em juízo gira em torno

---

[408] SANTOS, Juarez Cirino. *Direito penal*: parte geral. 5. ed. rev. ampl. Curitiba: Lumen Juris, 2012. p. 7.

de suas *funções declaradas*, como a proteção dos bens jurídicos mediante a imposição de penas proporcionais e a aplicação igual e neutra da lei penal a todas as pessoas que cometam crimes. Evidenciado pela criminologia crítica, o descumprimento sistemático dessas funções e até mesmo a inviabilidade de uma efetiva proteção de bens jurídicos pelo sistema penal – a *ferida narcísica* do Direito Penal,[409] – os acadêmicos da área cuidam de discutir quais são os verdadeiros fundamentos que animam o funcionamento desse sistema.

A perpetuação da exclusão social e a manutenção dos privilégios das classes já dominantes é apontada como o principal desses fundamentos, ocultado por um manto discursivo pretensamente neutro e racional de aplicação proporcional do ordenamento jurídico. Tal posicionamento pode ser encontrado nas obras de autores como Juarez Cirino dos Santos,[410] Vera Andrade[411] e Zaffaroni,[412] por exemplo.

Essa programação verticalizante (*nós* mais favorecidos que os *outros*) e excludente encontra solo fértil para sua perpetuação no campo da decisão judicial, um dos métodos de controle social mais diretos, fidedignos e eficientes presentes na sociedade contemporânea.

Alexandre Morais da Rosa,[413] em capítulo de sua pesquisa aqui referenciada, analisa manuais de Direito Processual Penal comumente adotados nos cursos de graduação, visando evidenciar concepções problemáticas incorporadas ao senso comum teórico a respeito da decisão judicial e reproduzidas na realidade forense. Caracteres frequentes são a pretensão de neutralidade de subsunção do fato à norma e a busca da *verdade real*, que comumente leva o juiz a tomar iniciativas probatórias no processo e, logicamente, contaminar sua imparcialidade. Afinal, quem procura, procura algo, e o juiz-investigador, em sua conduta como tal, não apenas fere a lógica do sistema acusatório, como também ignora que, na dúvida ou na falta de elementos de prova convincentes, deve-se absolver o acusado.

---

[409] CARVALHO, Salo de. *Antimanual de criminologia*. 4. ed. Rio de Janeiro: Lumen Juris, 2011. p. 89.

[410] SANTOS, Juarez Cirino. *Direito penal*: parte geral. 5. ed. rev. ampl. Curitiba: Lumen Juris, 2012. p. 7.

[411] ANDRADE, Vera Regina Pereira de. *Pelas mãos da criminologia*: o controle penal para além da (des)ilusão. Rio de Janeiro: Revan, 2012. p. 208.

[412] ALAGIA, Alejandro; SLOKAR, Alejandro; ZAFFARONI, Eugenio Raúl. *Derecho penal*: parte general. 2. ed. Buenos Aires: Ediar, 2002. p. 43.

[413] MORAIS DA ROSA, Alexandre. *Decisão no processo penal como bricolage de significantes*. 443 f. Tese (Doutorado) – Universidade Federal do Paraná, Curitiba, 2004. p. 182.

No entanto, percebe-se que o ponto de partida hermenêutico adotado para a interpretação da norma que vem a ser aplicada ao caso nem sempre é o mais adequado para a produção de uma decisão democrática e controlável por meio do instrumental jurídico. O autor aponta a tendência de teóricos tradicionais do processo (não o penal, que deveria merecer uma autonomia conceitual própria), como Cândido Rangel Dinamarco, de atribuir ao juiz e ao processo funções de pacificar anseios sociais e reproduzir seus bons costumes e boas influências ao interpretar e decidir um caso.[414]

Criticando diretamente a obra de Dinamarco, paradigmática na formação de juízes e demais práticos do direito ao longo do país, Morais da Rosa,[415] em convergência com a posição dos professores mineiros Marcelo Cattoni e Rosemiro Leal, aponta que a atribuição da função de atender a anseios sociais, alheios à decisão do caso, não mais se sustenta em um paradigma democrático de processo. Objetivos assim, incorporados à interpretação e às entrelinhas dos fundamentos da sentença, fogem ao controle discursivo das partes, que, em um processo, discutem um conflito concreto e a melhor norma a ser aplicada para a decisão desse conflito, e não a necessidade de se atender ao clamor público ou a reproduzir tal ou qual valor social.

Apesar disso, por mais que a doutrina processual recente procure evidenciar a insustentabilidade do paradigma da instrumentalidade do processo à promoção do bem social, Morais da Rosa revela o que o prático do direito frequentemente percebe em seu cotidiano:

> Não se pode negar, pela construção até aqui realizada, que o *um-julgador* esteja informado por fatores externos, condicionantes ideológicos, criminológicos, midiáticos, inconscientes, enfim, subjetivos que sempre são coprodutores da decisão, mesmo que obliterados retoricamente.[416]

Isso se deve à permanência, no senso comum dos juristas, da sistemática da *decisão conforme a consciência*, analisada com clareza por Lênio Streck.

---

[414] MORAIS DA ROSA, Alexandre. *Decisão no processo penal como bricolage de significantes*. 443 f. Tese (Doutorado) – Universidade Federal do Paraná, Curitiba, 2004. p. 184.

[415] MORAIS DA ROSA, Alexandre. *Decisão no processo penal como bricolage de significantes*. 443 f. Tese (Doutorado) – Universidade Federal do Paraná, Curitiba, 2004. p. 276-277.

[416] MORAIS DA ROSA, Alexandre. *Decisão no processo penal como bricolage de significantes*. 443 f. Tese (Doutorado) – Universidade Federal do Paraná, Curitiba, 2004. p. 277.

O autor gaúcho, ao estudar a permanência de uma tradição hermenêutica que privilegia a consciência do juiz como marco interpretativo de conceitos e categorias jurídicas, bem como de provas processuais, adverte sobre a tendência de que "a lei – aprovada democraticamente – perde(rá) (mais e mais) espaço diante daquilo que 'o juiz pensa acerca da lei'".[417]

O predomínio da consciência leva a espaços inalcançáveis pela argumentação das partes, nos quais o magistrado opta por uma interpretação dentre as possíveis – *boa escolha discricionária*[418] – por razões não jurídicas.

Esses mesmos espaços tendem a ser preenchidos pelos condicionantes ideológicos, criminológicos, midiáticos e inconscientes de que Alexandre Morais da Rosa[419] fala, encaixando-se numa interpretação da norma que se adeque à escolha feita. Em síntese, o atendimento aos anseios sociais é o fator mais comum de preenchimento desse espaço, sendo pertinente a observação de Werneck Vianna, citado por Lênio Streck, sobre o juiz médio se conceber "como um ser singular, auto-orientado, como se a sua investidura na função fizesse dele um personagem social dotado de carisma".[420] Em outras palavras, como se o juiz devesse satisfação à sociedade sobre a matéria que decide, e não tivesse a função contramajoritária que teoricamente se espera de um membro do Poder Judiciário.

De um lado, a doutrina majoritária da teoria geral do processo (não penal) impõe que o juiz deve satisfação à sociedade e realize seus anseios ao decidir, e de outro, a criminologia midiática exige essa satisfação ao clamar por uma decisão rigorosa que pode até flexibilizar a norma (que se supõe ser leniente), mas que aplaque o sentimento coletivo de insegurança que ela própria – a mídia de massa – ajuda a construir.[421] Nesse cenário, exige-se uma coragem descomunal da média dos juízes para enfrentar todo esse contexto e, de fato, assumir

---

[417] STRECK, Lênio Luiz. *O que é isto – Decido conforme minha consciência?* Porto Alegre: Livraria do Advogado, 2013. p. 30.

[418] STRECK, Lênio Luiz. *O que é isto – Decido conforme minha consciência?* Porto Alegre: Livraria do Advogado, 2013. p. 32.

[419] MORAIS DA ROSA, Alexandre. *Decisão no processo penal como bricolage de significantes.* 443 f. Tese (Doutorado) – Universidade Federal do Paraná, Curitiba, 2004. p. 277.

[420] STRECK, Lênio Luiz. *O que é isto – Decido conforme minha consciência?* Porto Alegre: Livraria do Advogado, 2013. p. 30.

[421] ZAFFARONI, Eugenio Raúl. *A palavra dos mortos:* conferências de criminologia cautelar. São Paulo: Saraiva, 2014. p. 315.

uma postura contramajoritária, respeitadora da dignidade humana e dos contornos do caso penal, ao decidir.

Essa situação também é pesquisada no campo das ciências sociais, cujo instrumental teórico leva a uma conclusão próxima, com os termos próprios de sua área. Conforme demonstra Eduardo Cornelius,[422] o estudo da sociologia da punição tem por objetivo evidenciar os fatores de poder que agem para que uma decisão judicial seja tomada, ou para que um tribunal assuma uma determinada posição como dominante. Segundo o autor, esse campo denota duas abordagens possíveis para a tomada de uma decisão: uma jurídico-formal, que vê como suficiente o argumento da norma jurídica para a tomada da decisão, e atende à neutralidade pretendida pela dogmática tradicional; e uma segunda, político-substantiva, que revela fatores sociais como classe e raça como determinantes, e o discurso jurídico como um simples meio para fazer manifestar a decisão tomada com aqueles fundamentos.

Há, conforme a pesquisa de Cornelius,[423] um vocabulário de motivos que acompanha a decisão interna do magistrado e a torna legítima/legitimada no contexto do discurso jurídico. Isso gera uma dupla violência em desfavor do indivíduo penalizado: em primeiro lugar uma violência física consistente na própria pena, e, em segundo lugar, uma violência simbólica caracterizada pela ocultação, por trás de um discurso abraçado pela sociedade e pela jurisprudência, dos verdadeiros motivos discriminatórios que levaram a condenação a ser proferida nos termos em que foi.[424] Nisso se compreende tanto a escolha por condenar quanto a interpretação de determinadas circunstâncias para tornar a pena mais ou menos grave, obstando ou possibilitando sanções alternativas à prisão, etc.

Ainda argumentando dentro do contexto da sociologia da punição – tal como Eduardo Cornelius, embasado nas pesquisas de

---

[422] CORNELIUS, Eduardo Gutierrez. Sociologia da punição e a contribuição de Pierre Bourdieu: formulação teórica da decisão judicial punitiva como objeto de pesquisa. *Confluências – Revista interdisciplinar de sociologia e direito*, Rio de Janeiro, v. 18, n. 3, p. 65-91, 2016. p. 68.

[423] CORNELIUS, Eduardo Gutierrez. Sociologia da punição e a contribuição de Pierre Bourdieu: formulação teórica da decisão judicial punitiva como objeto de pesquisa. *Confluências: Revista interdisciplinar de sociologia e direito*, Rio de Janeiro, v. 18, n. 3, p. 65-91, 2016. p. 71.

[424] CORNELIUS, Eduardo Gutierrez. Sociologia da punição e a contribuição de Pierre Bourdieu: formulação teórica da decisão judicial punitiva como objeto de pesquisa. *Confluências: Revista interdisciplinar de sociologia e direito*, Rio de Janeiro, v. 18, n. 3, p. 65-91, 2016. p. 76.

Pierre Bourdieu – Rodrigo Azevedo[425] discute que a conformidade da decisão à norma e aos precedentes não é a razão determinante da decisão, mas um instrumento de racionalização, dando uma aparência de neutralidade e objetividade a uma decisão que, na realidade, é determinada por fatores diversos como opiniões políticas ou até mesmo busca por reconhecimento profissional.[426]

Percebe-se, portanto, como a agência judicial, nas palavras de Zaffaroni, é um espaço dos mais férteis para a promoção da exclusão social e legitimação de atos excludentes que as outras também praticaram antes dela: a contundente opinião midiática sobre o suspeito de um crime, a prisão em flagrante realizada pela polícia, a denúncia alarmista apresentada pelo Ministério Público, e a confirmação de toda a narrativa com a condenação a uma pena alta do perigoso bandido.

Todo esse caminho é permeado de espaços de discricionariedade preenchidos pelo inconsciente – ou consciente, mas não dito expressamente – ideológico, criminológico, político, etc., do julgador que, enxergando-se como figura carismática de quem a população ensandecida pela narrativa do crime pode esperar satisfação, assume para si o objetivo de acalmá-la. A vulnerabilidade do indivíduo sujeitado ao controle penal é explorada desde a captura de sua narrativa pelo discurso midiático e a ativação das várias etapas da resposta estereotípica: esse sujeito cumpre com o estereótipo que nutrimos do desviante, logo, sua perversidade é incontestável e sua neutralização é necessária para que não faça mais vítimas.

Portanto, com o auxílio de espaços de discricionariedade e fatores inconscientes que permeiam e determinam a decisão judicial em matéria criminal, o sistema penal enxergado concretamente se vê incapaz e desinteressado em promover direitos e garantias individuais do réu, incorporando, ao invés, o discurso midiático periculosista que clama por uma resposta severa.

A magistratura não apenas ouve frequentemente os apelos da sociedade, mas também faz parte da classe média-alta a que se dirige o pânico moral do discurso midiático. Os membros da classe percebem em primeira mão o risco de serem vitimizados pelo *outro* demonizado e desviante, se identificam com a vítima funcional explorada pela

---

[425] AZEVEDO, Rodrigo Ghiringhelli. *Sociologia e justiça penal*: teoria e prática da pesquisa sociocriminológica. Rio de Janeiro: Lumen Juris, 2010. p. 101.

[426] AZEVEDO, Rodrigo Ghiringhelli. *Sociologia e justiça penal*: teoria e prática da pesquisa sociocriminológica. Rio de Janeiro: Lumen Juris, 2010. p. 102.

CAPÍTULO 6
O JUIZ TAMBÉM É TELESPECTADOR OU: A CONTAMINAÇÃO DA DECISÃO JUDICIAL PELA PRESSÃO MIDIÁTICA... | 143

narrativa midiática, sendo uma das poucas classes – junto, por exemplo, dos políticos, policiais e promotores de justiça – que pode, por suas próprias mãos, fazer algo para acalmar o pânico do discurso oficial. Naturalmente reducionista, esse pânico clama pela resposta ao crime pela via da repressão penal o mais rígida possível.

A situação se agrava quando se aborda a sistemática do tribunal do júri, ponto também digno de nota, em que o juiz delega seu protagonismo ao conselho de sentença. Concebido inicialmente como a garantia de que o cidadão será julgado por seus pares quando acusado de um crime contra a vida, o júri se encontra em séria crise de legitimidade no estado da arte da discussão do direito processual moderno.[427] [428] Indaga-se se o julgamento de um indivíduo pelos seus pares é realmente uma garantia desse indivíduo, como tradicionalmente se concebe, ou um cenário de proliferação do senso comum punitivista.

A decisão judicial tradicional, proferida pelo juiz, é submetida a um ônus de fundamentação, em que o magistrado deve explicitar o caminho jurídico-interpretativo que percorreu para chegar à compreensão fática e à escolha normativa que veio a tomar. Sendo assim, eventuais inconsistências em seu discurso – como o preenchimento de espaços vazios hermenêuticos com categorias antidemocráticas, preconceitos, vieses – podem ser apontadas pelas partes e passar a fazer parte da discussão do caso penal em um eventual recurso.

Entretanto, o júri não se submete a esse ônus: a motivação das decisões do corpo de jurados é íntima e não consta do processo, mas apenas seus votos. O jurado pode decidir tanto pela lógica ou pela razão, quanto por instinto ou por influências momentâneas,[429] sobretudo de carga emocional.

Esses motivos não são passíveis de controle ou de argumentação pelos recursos jurídicos que são corolários da garantia da ampla defesa, tampouco de conhecimento, já que a convicção do jurado é íntima e ele

---

[427] STRECK, Lênio Luiz. *Tribunal do júri*: símbolos e rituais. 4. ed rev. e mod. Porto Alegre: Livraria do Advogado, 2001.

[428] SEEGER, Luana; SILVA, Edenise Andrade da. O tribunal do júri e o poder de influência da mídia contemporânea nos casos de crimes de homicídio: reflexões para pensar políticas públicas de garantias de imparcialidade dos jurados. *In: Seminário Internacional Demandas Sociais e Políticas Públicas na Sociedade Contemporânea, 13, Anais...*, Santa Cruz do Sul, Universidade de Santa Cruz do Sul, 2016. p. 1-28. Disponível em: https://online.unisc.br/acadnet/anais/index.php/sidspp/article/viewFile/15810/3709. Acesso em 10 out. 2018.

[429] STRECK, Lênio Luiz. *Tribunal do júri*: símbolos e rituais. 4. ed rev. e mod. Porto Alegre: Livraria do Advogado, 2001.

não se comunica com as partes ou com outros jurados. Frequentemente acaba por restar à acusação e à defesa operar nos debates do júri em um nível emocional, em uma dinâmica conhecida pelo senso comum e descrita por Alexandre Morais da Rosa como um teatro, o teatro-júri, "onde as atuações performáticas e pirotécnicas dos atores responsáveis pela peça-teatro-processo é mais importante do que a conduta do acusado".[430]

Como Lenio Streck aponta, o júri é mais um dos palcos propícios para atos de exclusão social, argumentando a presença maciça de membros de classes sociais favorecidas em conselhos de sentença (em geral compostos por advogados ou servidores públicos) gera um índice elevado de condenações. Ao defender que há "uma forte relação de causa e efeito entre os resultados de julgamentos e a correlação de forças que existe entre as classes/camadas sociais que julgam e as que são julgadas",[431] a doutrina de Streck[432] converge com os dados até o momento colhidos, a respeito de uma notável introjeção de valores excludentes do considerado *outro desviante* por parte dos grupos dominantes, dos quais participam, expressivamente, indivíduos que se tornam juízes ou jurados.

A mídia de massa, ao contribuir para pautar uma visão de mundo contaminada por pânicos morais e necessidades de se neutralizar severamente o desvio, tem seu papel na produção de toda uma população suscetível a reproduzir esses valores no ambiente da decisão judicial: o juiz, com seus espaços obscuros de interpretação, e o jurado ao interpretar intimamente o caso e sua subsunção à norma com seus vieses pré-programados e reforçados pelo *promotor zeloso*, que se recorda de trazer à baila a condenação informal já decretada pelo meio midiático.[433]

O último comentário apresentado trata-se do comum expediente acusatório de exibir, perante o conselho de sentença, uma cópia do

---

[430] MORAIS DA ROSA, Alexandre. *Decisão no processo penal como bricolage de significantes*. 443 f. Tese (Doutorado) – Universidade Federal do Paraná, Curitiba, 2004. p. 315.

[431] STRECK, Lênio Luiz. *Tribunal do júri*: símbolos e rituais. 4. ed rev. e mod. Porto Alegre: Livraria do Advogado, 2001. p. 129.

[432] STRECK, Lênio Luiz. *Tribunal do júri*: símbolos e rituais. 4. ed rev. e mod. Porto Alegre: Livraria do Advogado, 2001. p. 130.

[433] BATISTA, Nilo. Mídia e sistema penal no capitalismo tardio. *Biblioteca On-line de Ciências da Computação*. p. 19. Disponível em: http://www.bocc.ubi.pt/pag/batista-nilo-midia-sistema-penal.pdf. Acesso em 10 out. 2018.

noticiário em que o crime é narrado.[434] A verdade tornada absoluta no noticiário, legitimada por sua pretensa imparcialidade, é um prato feito de emoções e sensacionalismo que compõem, todos, os fundamentos da íntima convicção do jurado, que se converterá em voto e decisão.

A defesa meramente técnico-jurídica, nesse cenário, não tem chance de prosperar contra a carga emocional que o jurado absorveu e que o levou a interpretar a norma de tal ou qual forma, até porque não tem condições de conhecer a extensão dessa carga. Resta à defesa, como Alexandre Morais da Rosa[435] argumenta, participar do mesmo teatro e trabalhar os fatores subjetivo-emocionais para a programação da decisão. Resta a tarefa de demonstrar que o réu não é um *outro*, mas que se aproxima em muito de *nós*, e não merece ser excluído.

6.3 Enfrentando os sistemas finalista e funcionalista de culpabilidade a partir das conclusões extraídas até agora

Anteriormente nesse texto, analisou-se a culpabilidade pela vulnerabilidade como uma das possíveis respostas ao movimento punitivista prevalente no discurso oficial do sistema penal. Apresentada, na oportunidade, como uma proposta dogmática para servir como um dos possíveis filtros às arbitrariedades estruturais no sistema penal, vale, nesse momento, uma releitura à luz da interdisciplinaridade buscada no presente trabalho.

Também vale uma releitura, primeira e brevemente, dos demais modelos de culpabilidade – funcionalista e finalista – em vista dos dados da realidade até agora colhidos da criminologia e da teoria da mídia, bem como influências recíprocas que conformam nossa realidade concreta.

Primeiramente, a centralidade do ideal preventivo presente nos modelos funcionalistas dá azo a novos espaços de discricionariedade do julgador ao inserir como categoria valorativa a necessidade preventiva, condicionando a direção que a decisão judicial toma, bem como sua gravidade.

---

[434] BATISTA, Nilo. Mídia e sistema penal no capitalismo tardio. *Biblioteca On-line de Ciências da Computação*. p. 19. Disponível em: http://www.bocc.ubi.pt/pag/batista-nilo-midia-sistema-penal.pdf. Acesso em 10 out. 2018.

[435] MORAIS DA ROSA, Alexandre. *Decisão no processo penal como bricolage de significantes*. 443 f. Tese (Doutorado) – Universidade Federal do Paraná, Curitiba, 2004. p. 315.

Além de uma crítica mais próxima à dogmática, que aponta a não verificação de uma efetiva prevenção de crimes com a imposição de penas criminais, há outro argumento um pouco mais distante da dogmática, mas igualmente próximo da realidade dos juízes enquanto seres humanos que fazem parte de um corpo social: o perigo dos pânicos morais e sua onipresença no discurso de massa.

O espaço de discricionariedade possibilitado pela práxis da decisão judicial no Brasil proporciona, como filtro hermenêutico, ao julgador com competência criminal, vieses ideológicos, criminológicos, políticos, etc., não raro se ocupando essa lacuna de discricionariedade com a preocupação em pacificar o pânico moral contra a criminalidade dos desfavorecidos – *outros* – contra os cidadãos de bem – *nós* – criado pelo discurso midiático e tornado um anseio popular da maior magnitude. Como isso se compatibiliza com o discurso da prevenção preconizado pelo funcionalismo é o problema central que a dogmática, mesmo de viés crítico, não costuma enfrentar.

A necessidade preventiva, enquanto capítulo necessário da decisão de um juiz sobre um crime, leva a que ele considere, necessariamente, um *escopo metajurídico*[436] – à *la* teoria geral do processo como instrumento da jurisdição –, qual seja, o envio de uma mensagem tanto ao indivíduo quanto à sociedade para que não cometam crimes, e ao indivíduo para que não reincida, senão uma pena será imposta. Ademais, a medida da pena também deve atentar à necessidade preventiva, ou seja, não deve ser leniente a ponto de gerar uma mensagem reprovatória insuficiente.

A compatibilização entre uma eventual concretização da sistemática funcionalista na sociedade altamente influenciada pela mídia de massa (e pânicos morais) em que nossas agências de persecução penal estão inseridas leva, em síntese, à noção de que qualquer punição ou medida processual restritiva de direitos será insuficiente. Juízes constantemente aplicam penas altas, tribunais produzem precedentes limitativos das garantias fundamentais e reveem interpretações que tornam mais rígida a aplicação da lei penal,[437] mas não há sinal de

---

[436] Um fundamento a mais que orienta a decisão, externo ao processo e à mera subsunção do fato *sub judice* à norma. O escopo metajurídico mais mencionado é, certamente, a pacificação social.

[437] A pesquisa foi realizada antes do julgamento definitivo pelo STF das Ações Declaratórias de Constitucionalidade 43, 44 e 54, portanto, à época vigia o entendimento jurisprudencial que acatava a execução antecipada da pena após julgamento de recurso pelo Tribunal de Justiça, provavelmente um dos posicionamentos jurisprudenciais mais rígidos e antigarantistas de que se tem notícia recente.

qualquer redução no tom das notícias da criminalidade e no pânico moral que a mídia de massa constrói sobre ela.

A título de ilustração, nem com a redução histórica nos homicídios no estado de São Paulo nos últimos anos, por exemplo,[438] o tom dos noticiários se tornou menos alarmista e o anseio popular por medidas punitivas severas se tornou menos marcante. O medo do crime produzido discursivamente pelos meios de comunicação se sobrepõe a uma experiência real de maior segurança[439] e às estatísticas que sustentam essa visão.

Diante disso, qualquer medida que um juiz adotasse em conformidade com a lei seria recebida por esse sentimento coletivo punitivista como leniente. O crime recebeu sua cobertura pela mídia, o suspeito foi apontado e execrado no noticiário, a vítima explorada, a prisão em flagrante convertida em preventiva, e a sentença que, considerando uma supostamente elevada gravidade do crime e a *perversidade* do autor, impõe um longo tempo de prisão. O sentimento coletivo de perigo e pânico moral não é amenizado, apenas deslocado para o próximo fato noticiado e para o medo abstrato de que uma nova tragédia possa acontecer pelas mãos do criminoso estereótipo.

A fundamentação preventiva, contaminada pela necessidade de atendimento aos anseios sociais incorporada pelo senso comum das agências punitivas nacionais, geraria um *continuum* de penas exemplares que em nada contribuiriam para saciar o clamor popular por segurança pela via da pena.[440] Os veículos noticiosos não abandonariam um de seus mais valiosos *commodities* – o crime – diante dessa nova realidade, o qual é devidamente explorado apenas quando gera o efetivo engajamento emocional no público – medo – e nutre e mantém altos os índices de audiência. Audiência alta encarece o espaço publicitário, que se reverte em lucro para o veículo de comunicação.

Em uma realidade permeada pela criminologia midiática, como é a brasileira, que influencia em larga escala os anseios sociais, que, por

---

[438] CERQUEIRA, Daniel (Org.). *Atlas da violência 2018*: Ipea e FBSP. Rio de Janeiro: Ipea e Fórum Brasileiro de Segurança Pública, 2018. Disponível em: http://www.ipea.gov.br/portal/images/stories/PDFs/relatorio_institucional/180604_atlas_da_violencia_2018.pdf Acesso em 14 set. 2018.

[439] ZAFFARONI, Eugenio Raul. *Em busca das penas perdidas*: a perda da legitimidade do sistema penal. 5. ed. Rio de Janeiro: Revan, 1991. p. 128.

[440] Não necessariamente negando que seja esse o caso do funcionamento concreto de nosso atual sistema, que, apesar de finalista na teoria do crime, adota a prevenção como fundamento predominante da teoria da pena.

sua vez, influenciam nos marcos interpretativos adotados pelos juízes, a prevenção preconizada pelo sistema funcionalista tenderia a se tornar mais um dos mantos discursivos que encobrem os abusos estruturais do sistema penal, gerando uma tendência a valorações sempre severas da categoria da culpabilidade.

Uma pena, por mais alta que seja, nunca vai aplacar o anseio preventivo. A categoria da prevenção, inicialmente pensada no marco funcionalista como um instituto redutor de danos (*a pena não é necessária porque não serve ao ideal preventivo*) é deturpada no contexto discursivo de pânicos morais generalizados em que estamos inseridos.

Em um segundo momento, deve-se analisar também os problemas da culpabilidade finalista, sobretudo na sistematização do finalismo no Código Penal brasileiro e sua aplicação.

Leonardo Siqueira,[441] mesmo com suas críticas contidas ao discurso interno da dogmática jurídica, já revela problemas sérios na aplicação da culpabilidade finalista, sobretudo o posicionamento jurisprudencial, sustentado por relevante doutrina, de inserir na valoração da reprovabilidade do indivíduo caracteres de sua personalidade: fundamentos de periculosidade do agente somados à valoração da culpabilidade pelo fato. Sustentado em uma teoria normativa pura da culpabilidade, Siqueira[442] assevera ser impossível compatibilizar a culpabilidade pelo fato com a culpabilidade do agente, categoria específica da seara da periculosidade.

Siqueira[443] argumenta que, no Brasil, apesar da opção legislativa expressa pela adoção do sistema normativo e funcionalista da culpabilidade, a jurisprudência tem se orientado em um sentido mais psicológico-normativo no molde proposto por Edmund Mezger, já analisado. Segundo esse modelo, procura-se na decisão judicial valorar a reprovação do autor pelo fato, além da reprovação da personalidade desviante do agente e sua vida pregressa, considerando-se o fato criminoso como uma expressão dessa personalidade.

Ao se abrir a valoração judicial em relação a qualquer dado que não seja a reprovação do fato concreto, abre-se a oportunidade

---

[441] SIQUEIRA, Leonardo. *Culpabilidade e pena*: a trajetória do conceito material de culpabilidade e suas relações com a medida da pena. Belo Horizonte: Editora D'Plácido, 2016. p. 62.

[442] SIQUEIRA, Leonardo. *Culpabilidade e pena*: a trajetória do conceito material de culpabilidade e suas relações com a medida da pena. Belo Horizonte: Editora D'Plácido, 2016. p. 66.

[443] SIQUEIRA, Leonardo. *Culpabilidade e pena*: a trajetória do conceito material de culpabilidade e suas relações com a medida da pena. Belo Horizonte: Editora D'Plácido, 2016. p. 92.

para julgamentos morais negativos sobre os caminhos pelos quais o indivíduo criminalizado decidiu conduzir sua vida, sobre a posição social em que nasceu e de que nunca saiu, sobre as oportunidades que teve e deixou de ter, e outras possíveis divagações éticas em que o juiz não deve se imiscuir, e que não fazem parte do discurso processual da instrução e do julgamento de um caso penal. Veja-se, para tanto, o esforço argumentativo que Ferrajoli, em *Direito e razão*, emprega para moldar um sistema de decisão judicial despido de valorações de viés moral ou que fujam ao controle das partes, ou seja, que fujam da sistemática de subsunção do fato à norma jurídica válida.

Permitir a valoração da personalidade como componente da valoração global da culpabilidade é fornecer mais argumentos, acobertados pelo discurso jurídico, para legitimar a resposta estereotípica do julgador exposto ao criminoso que se encaixa no estereótipo.

Trata-se, como Goffman[444] argumenta, de pautar uma resposta praticamente automática diante da visualização do estereótipo: o agente da persecução penal – juiz, delegado ou promotor – toma contato com o indivíduo que desde logo demonstra ser desfavorecido por ser negro, pobre ou morador de regiões pobres, ou todos cumulativamente, e a resposta estereotípica começa a entrar em efeito. Se for usuário de drogas, ainda que recreativamente, não possua domicílio ou um trabalho fixo, por exemplo, a resposta estereotípica contra o *outro* demonizado ganha ainda mais força, aproximando-se o indivíduo concreto do estereótipo do imoral grupo essencialmente desviante e atraindo a resposta punitiva mais grave, que reforça a coesão social de *nós* e neutraliza a imoralidade do *outro*. Serve, ainda, como capítulo na interminável luta contra o pânico moral e o medo da vitimização dos grupos incluídos.

Por isso ainda se vê com espanto decisões como a recentemente tomada pelo Superior Tribunal de Justiça no Habeas Corpus nº 593.488, em que o relator, Ministro Rogério Schietti Cruz, ressalta o óbvio (por isso o espanto): a simples falta de comprovação de trabalho formal não é motivo idôneo para fundamentar a prisão preventiva.[445] Se é uma matéria que precisou chegar até o STJ para ser decidida, significa que ainda é um argumento presente no cotidiano de vários juízes e promotores que atuam na primeira instância.

---

[444] GOFFMAN, Erving. *Estigma*: notas sobre a manipulação da identidade deteriorada. 4. ed. Rio de Janeiro: LTC Editora, 1988.

[445] SUPERIOR TRIBUNAL DE JUSTIÇA. *Habeas Corpus nº 593.488*. Relator Min. Rogério Schietti Cruz. 6ª Turma. Julgado em 17 de novembro de 2020.

Prosseguindo no debate, portanto, consideradas as críticas feitas aos modelos funcionalista e finalista a partir da análise criminológica desenvolvida no trabalho, parte-se do gancho da ineficácia operativa do finalismo na realidade forense brasileira para, no tópico seguinte, se analisar a culpabilidade pela vulnerabilidade e sua conformidade com os dados da realidade – domínio do *ser* – até o momento colhidos.

6.4 A culpabilidade revista sob o foco da vulnerabilidade e dos estereótipos

A culpabilidade pela vulnerabilidade é uma técnica de decisão inserida no contexto do funcionalismo redutor como resposta de Zaffaroni à crescente aceitação dos funcionalismos teleológico (Roxin) e sistêmico (Jakobs) no *mainstream* dogmático penal. O funcionalismo redutor pode ser caracterizado, conforme sistematiza Bruno Castelo Branco,[446] como uma série de mecanismos de operacionalização da dogmática penal com uma finalidade expressamente redutora de danos. Dentre esses mecanismos se vê a culpabilidade pela vulnerabilidade.

Conforme já explicitado, com a culpabilidade pela vulnerabilidade Zaffaroni questiona as pretensas neutralidade e amoralidade do juízo de reprovabilidade que preenche o conteúdo da culpabilidade. Diante da seletividade estrutural do sistema penal e a manipulação do discurso judicial para perpetuar a exclusão social e neutralizar os indesejados, o discurso ético/eticizante da reprovabilidade penal não mais se sustentaria em um paradigma idealmente democrático de sistema penal.

Por mais que em um momento acabe por discordar dos fundamentos a respeito da culpabilidade pela vulnerabilidade de Zaffaroni, Leonardo Siqueira[447] fornece um importante subsídio para que se discuta a favor da teoria do argentino em última análise, e, ao final de sua obra, reconhece o valor do argumento da vulnerabilidade.[448] É no momento em que defende que a culpabilidade finalista no Brasil não tende a ser aplicada de maneira neutra como preconizada pelo modelo

---

[446] CASTELO BRANCO, Bruno Cortez Torres. *Dogmática penal do perigo e o perigo da dogmática penal*: dois mirantes sobre o excesso da punição nos crimes patrimoniais. 157 f. Dissertação (Mestrado) – Universidade Federal do Paraná, Curitiba, 2015. p. 127.

[447] SIQUEIRA, Leonardo. *Culpabilidade e pena*: a trajetória do conceito material de culpabilidade e suas relações com a medida da pena. Belo Horizonte: Editora D'Plácido, 2016. p. 144.

[448] SIQUEIRA, Leonardo. *Culpabilidade e pena*: a trajetória do conceito material de culpabilidade e suas relações com a medida da pena. Belo Horizonte: Editora D'Plácido, 2016. p. 159.

normativo, mas levando em consideração a reprovação do indivíduo em si – necessariamente moralizante, extrajurídica – em conjunto com a reprovação da ação, sendo legítima essa segunda apenas.[449]

Para que se alcance efetivamente uma finalidade redutora com a aplicação de um instituto jurídico, como a culpabilidade, faz-se necessário abandonar a pretensão de neutralidade que acompanha a maioria das construções da dogmática penal tecnicista e assumir uma posição expressa de redução de danos. Essa mesma pretensão de neutralidade é justamente o fator que contribui para que a violência inerente ao sistema penal brasileiro se perpetue acobertada pela racionalidade que o discurso dogmático pressupõe. Assumir uma posição expressamente reducionista é justamente o que Zaffaroni faz ao construir os componentes dogmáticos de seu funcionalismo redutor, sobretudo a culpabilidade pela vulnerabilidade.

Diversos fatores sociais contribuem para gerar os estados de alta vulnerabilidade em que se distribuem as camadas sociais desfavorecidas e, assim, mais suscetíveis ao controle penal. Uma concepção tradicional de dinâmica social pressuporia, por exemplo, o local de residência, a cor de pele, a profissão (ou a falta dela), as roupas que se veste, o modo como se fala, dentre outros, como fatores que favorecem o estado de vulnerabilidade ou imunizam um indivíduo. A vulneração ou a imunização são fatores que dependem das diretrizes predominantes nos mecanismos de controle sobre qual estereótipo do indesejável se pretende neutralizar.

Na sociedade de massa, altamente orientada pelos meios de comunicação, esse estereótipo a neutralizar é reforçado pelo discurso majoritário e um consenso social sobre quem são os indesejáveis, e produzido muito mais facilmente com a adesão de grande parte da sociedade. O medo de ser vitimizado, reforçado a todo momento pelo tom alarmista do noticiário e pelas notícias geralmente veiculadas – aquelas que geram apelo emocional – torna coeso o grupo que se apropria do medo do crime e clama pela neutralização dos outros que, de acordo com o discurso midiático, causa esse medo. Isso quando, na verdade, é o próprio discurso midiático que gera a ilusão desse medo.[450]

---

[449] SIQUEIRA, Leonardo. *Culpabilidade e pena*: a trajetória do conceito material de culpabilidade e suas relações com a medida da pena. Belo Horizonte: Editora D'Plácido, 2016. p. 92.

[450] ZAFFARONI, Eugenio Raul. *Em busca das penas perdidas*: a perda da legitimidade do sistema penal. 5. ed. Rio de Janeiro: Revan, 1991. p. 128.

De todo modo, a resposta estereotípica contra o grupo dos *outros* de essência (discursivamente construída como) desviante é uma resposta de vingança e neutralização, principalmente. Ao se encaixar no estereótipo, já presente no imaginário popular e fortalecido pela mídia de massa com seu discurso de alterização, desmonte do Estado de bem-estar social, reacionário, etc., o dinamismo da narrativa midiática e até mesmo da rapidez e anonimato peculiar à sociedade da modernidade tardia tornam cada vez mais difícil reagir ao diferente com uma resposta que não seja a estereotípica.

Ocorre que a resposta estereotípica contra quem se encaixa no molde do desviante é uma resposta que necessariamente se sustenta em ideias de crime e controle: como o cidadão que se considera *de bem* que atravessa a rua ao avistar uma pessoa mal vestida, ou a ronda policial que aborda essa mesma pessoa por ter julgado negativamente sua aparência. Ou o caso do jovem da periferia que é abordado pela polícia com a quantidade X de algum entorpecente e atrai o alarde midiático sobre a *apreensão do traficante*, enquanto o jovem universitário de classe média que é encontrado com quantidade 2X, 3X ou mesmo muito maior desse mesmo entorpecente é tratado como usuário e, sobretudo, apenas como *jovem universitário*, nos noticiários. Sua identidade não é associada à do traficante, pois não se encaixa no estereótipo que se deseja promover.

Naturalmente toda essa resposta se traduz em um tratamento judicial diferenciado da questão, o discurso é reproduzido até que o vulnerável, o indivíduo que sofreu a resposta estereotípica negativa, é tratado judicialmente conforme o estereótipo e julgado negativamente por ser quem é. O juiz, relembre-se, também é telespectador, incluído na dinâmica de consumo, e um dos principais receptores do clamor social por medidas punitivas severas, além de ter à sua disposição espaços de discricionariedade deixados pelo senso comum teórico sobre a decisão judicial, frequentemente preenchidos com toda sorte de preconceitos e vieses ideológicos.

Os dados até o momento trabalhados reforçam a argumentação de Zaffaroni[451] sobre a vulnerabilidade e a seletividade penal: certas pessoas, por pertencerem a determinado grupo social, se encontram mais suscetíveis ao controle social-penal e suas condutas são valoradas, em um juízo de reprovação, como mais graves, por serem a expressão

---

[451] ZAFFARONI, Eugenio Raul. *Em busca das penas perdidas*: a perda da legitimidade do sistema penal. 5. ed. Rio de Janeiro: Revan, 1991. p. 270.

CAPÍTULO 6
O JUIZ TAMBÉM É TELESPECTADOR OU: A CONTAMINAÇÃO DA DECISÃO JUDICIAL PELA PRESSÃO MIDIÁTICA... | 153

de uma personalidade desviante – a essência desviante do grupo a que pertencem. A aproximação à avaliação de Siqueira[452] sobre a aplicação de uma culpabilidade do autor/periculosidade na práxis brasileira é clara. Zaffaroni pretende,[453] assim, abandonar a reprovabilidade como critério de aferição da culpabilidade por carregar, necessariamente, um conteúdo ético que não cabe em uma sistemática penal que se pretenda democrática ou ao menos redutora de danos.

No entanto, o próprio Zaffaroni[454] parece não abandonar por completo a reprovabilidade, ao sustentar como critério para a valoração da conduta do indivíduo não apenas sua vulnerabilidade social e o risco para que fosse selecionado pelo poder punitivo, mas também o *efetivo esforço pessoal* empreendido por esse indivíduo para que fosse, em algum momento, selecionado.

A construção da culpabilidade pela vulnerabilidade, com a adstrição da valoração do magistrado apenas ao esforço pessoal que o acusado empreendeu para, a partir de seu estado de vulnerabilidade mais ou menos acentuado, vir a ser criminalizado pelo sistema penal, se aproxima do que Leonardo Siqueira[455] constrói, em sua obra, como um conceito material da culpabilidade: a avaliação judicial da ação individual dentro do contexto de sua liberdade de escolha. O contexto da liberdade de escolha seria o cenário social em que o indivíduo é inserido, sua maior ou menor liberdade para se ver levado ao crime, e a ação individual corresponderia ao esforço pessoal.

Em síntese, Siqueira e Zaffaroni chegam a soluções semelhantes, o primeiro com uma fundamentação predominantemente dogmática (com traços críticos) e o segundo orientado pela criminologia crítica.

A fundamentação dogmática de Siqueira[456] passa, em dado momento, pela noção da exigibilidade extraída da obra de Heinrich Henkel, como princípio geral do direito e com clara influência na dogmática penal – como na definição dos limites de normas incriminadoras

---

[452] SIQUEIRA, Leonardo. *Culpabilidade e pena*: a trajetória do conceito material de culpabilidade e suas relações com a medida da pena. Belo Horizonte: Editora D'Plácido, 2016. p. 92.

[453] ZAFFARONI, Eugenio Raul. *Em busca das penas perdidas*: a perda da legitimidade do sistema penal. 5. ed. Rio de Janeiro: Revan, 1991. p. 263.

[454] ZAFFARONI, Eugenio Raul. *Em busca das penas perdidas*: a perda da legitimidade do sistema penal. 5. ed. Rio de Janeiro: Revan, 1991. p. 271.

[455] SIQUEIRA, Leonardo. *Culpabilidade e pena*: a trajetória do conceito material de culpabilidade e suas relações com a medida da pena. Belo Horizonte: Editora D'Plácido, 2016. p. 159.

[456] SIQUEIRA, Leonardo. *Culpabilidade e pena*: a trajetória do conceito material de culpabilidade e suas relações com a medida da pena. Belo Horizonte: Editora D'Plácido, 2016. p. 80.

da omissão, na exclusão da culpabilidade pela inexigibilidade, dentre outros. Diverge de Henkel[457] ao defender a exigibilidade como um fator normativo, que leva em consideração um núcleo de valores fundamentais para a convivência em sociedade e as circunstâncias mais ou menos prementes que fazem ser exigível agir conforme o valor ou que excluam sua exigibilidade.

O discurso jurídico, persuasivo que é por natureza, tem a aptidão de incorporar novos dados da realidade que permitam uma valoração mais ou menos estrita da exigibilidade de agir conforme o direito, atenuando ou agravando a reprovabilidade da ação.[458] Nesse contexto, agir dentro de um estado de vulnerabilidade premente e, assim, com um mínimo esforço pessoal para a seleção criminalizante, é um fator de atenuação da reprovabilidade do indivíduo,[459] podendo até chegar a exclui-la, de tão ínfimo que seria o esforço do indivíduo para sua seleção pelo aparato repressivo.[460]

Apesar disso, a resposta estereotípica motivada pela criminologia midiática aparenta trabalhar a exigibilidade em outros termos.

Ao ser amoldado ao estereótipo do criminoso habitual, o indivíduo criminalizado é encaixado discursivamente em um novo nível de exigibilidade, em razão do qual é praticamente esperado pela sociedade e pelas agências punitivas que ele delinqua, pois faz parte de um grupo que possui a essência desviante. Se sujeita a uma nova exigibilidade, invertida discursivamente, que não consiste em considerar seu contexto concreto – psicológico ou social – que tornasse de certo modo aceitável o delito, mas uma *exigência de mostrar, o mais ostensivamente possível, que* não *faz parte de um estereótipo essencialmente desviante*, de quem não se tolera qualquer circunstância que torne inexigível o cumprimento do dever jurídico.

A exigibilidade aplicada ao estereótipo denota a análise criminológica, o é em um grau muito maior do que ao grupo de cidadãos conformados ao grupo social dominante. A imoralidade intrínseca atribuída pelo discurso midiático e outros discursos oficiais aos grupos

---

[457] SIQUEIRA, Leonardo. *Culpabilidade e pena*: a trajetória do conceito material de culpabilidade e suas relações com a medida da pena. Belo Horizonte: Editora D'Plácido, 2016. p. 83.

[458] SIQUEIRA, Leonardo. *Culpabilidade e pena*: a trajetória do conceito material de culpabilidade e suas relações com a medida da pena. Belo Horizonte: Editora D'Plácido, 2016. p. 87.

[459] ZAFFARONI, Eugenio Raul. *Em busca das penas perdidas*: a perda da legitimidade do sistema penal. 5. ed. Rio de Janeiro: Revan, 1991. p. 273.

[460] SIQUEIRA, Leonardo. *Culpabilidade e pena*: a trajetória do conceito material de culpabilidade e suas relações com a medida da pena. Belo Horizonte: Editora D'Plácido, 2016. p. 159.

excluídos se sobrepõe ao argumento dogmático de que a exigibilidade *deve ser* sempre valorada da mesma forma, diante de fatores de tensão a que se vê exposto o indivíduo criminalizado, tornando a pena mais necessária e o mal a ser retribuído pela via da pena ainda mais grave em relação ao *outro*.

A resposta judicial estereotípica em relação ao vulnerável é a de exigir dele um cumprimento muito mais estrito e imperdoável dos deveres jurídicos e a efetiva incorporação e prática desses valores – residência em um bairro *bem ordenado*, emprego fixo, linguagem e trajes comedidos, dentre outros – para, na doutrina de Goffman, a comunicação entre sujeitos se aprofundar e ultrapassar a resposta estereotípica.

Ultrapassando a resposta estereotípica, é possível falar na presença de condições que possibilitam uma valoração justa da determinação da ação do indivíduo e da exigibilidade de seu comportamento conforme o direito; dentro da resposta estereotípica, a exigibilidade é altíssima e a valoração tende a ser negativa e moralizante, pois o grupo-estereótipo sempre tenderá a cometer crimes e deve ser reprimido fortemente.

Uma noção criminologicamente fundamentada da exigibilidade e, assim, da culpabilidade, passa por abandonar a pretensão de neutralidade que encobre o discurso excludente latente que motiva grande parte da violência desmedida de nosso sistema penal.

Como adverte Zaffaroni,[461] antecipando críticas possíveis, adotar um modelo de culpabilidade por vulnerabilidade não significa ceder a uma *culpabilidade de autor* no discurso de fundamentação da decisão, mas reconhecer que é o discurso oficial que a adota. A culpabilidade por vulnerabilidade objetiva justamente o contrário: não valora caracteres do indivíduo para definir a gradação da reprovação, mas os reconhece para avaliar qual foi o efetivo esforço empreendido por esse indivíduo para ser selecionado pelo poder punitivo. Ou seja, pela constatação da posição de vulnerabilidade mais ou menos acentuada do indivíduo, avalia-se o efetivo esforço – ação – que desempenhou para que o sistema penal acreditasse ser necessário puni-lo: quanto mais vulnerável é o indivíduo, maior a tendência de o discurso oficial adotar e reforçar a necessidade de puni-lo, e menor o esforço necessário para que essa necessidade seja atingida.

---

[461] ZAFFARONI, Eugenio Raul. *Em busca das penas perdidas*: a perda da legitimidade do sistema penal. 5. ed. Rio de Janeiro: Revan, 1991. p. 279.

Portanto, ao produzir e fortalecer posições de vulnerabilidade, o discurso midiático fortalece, juntamente, respostas estereotípicas de uma sociedade amedrontada que clama por segurança, e de práticos do direito – juízes, promotores, delegados – que atendem a esse clamor, acobertando a resposta estereotípica com categorias do discurso jurídico, especialmente, como se evidencia neste trabalho, com um juízo negativo de culpabilidade – deve-se, sim, reprovar essa conduta, nas palavras do senso comum que se critica – e com uma gradação mais acentuada por meio de uma avaliação moral e moralizante da condução de vida do indivíduo estereotipado.

Operar em termos da culpabilidade por vulnerabilidade, desse modo, é propor uma resposta que vá além da estereotípica, que restrinja a valoração judicial ao esforço pessoal do indivíduo traduzido em reprovabilidade e em uma medida justa de pena, ao contrário do pretensamente neutro finalismo normativo que, na verdade, sistematicamente encobre cada vez mais a exclusão pela via do sistema penal.

CONSIDERAÇÕES FINAIS

O presente trabalho partiu do tema-problema da mídia de massa e sua influência no sistema penal, limitado metodologicamente à sua influência na decisão judicial. Outras dimensões de influência, como a legislativa, ou medidas executivas, tais quais o policiamento ou investimentos em política penitenciária, por exemplo, foram deliberadamente deixadas de lado na discussão para que uma análise mais aprofundada fosse reservada à culpabilidade.

Como hipótese de trabalho que orientou a discussão aqui feita, propôs-se que a mídia de massa, onipresente na vida do cidadão da modernidade tardia e conformadora de muito do que se percebe da realidade social, cria um consenso social sobre a criminalidade, que a atribui majoritariamente a classes desfavorecidas, o que se reverteria em um trato judicial mais rígido e excludente no campo da culpabilidade.

O primeiro capítulo após a introdução – capítulo 2 – concentrou a dimensão epistemológica da análise, em que se defendeu um penalismo crítico, subsidiado pela discussão criminológica e suas avaliações sobre a realidade concreta para fundamentar uma aplicação verdadeiramente racional dessa – no sentido do respeito ao objetivo constitucional da promoção da dignidade humana, não em uma racionalidade meramente científica e autorreferencial que ignora os danos reais que produz e se vê como legítima enquanto mantém sua coerência abstrata.

O terceiro e quarto capítulos deram conta de uma reconstrução histórica do discurso dogmático sobre a culpabilidade, apresentando-se, no terceiro, as discussões travadas pela academia até a metade do século XX, desde uma concepção psicológica da culpabilidade, até a normativa, adotada pelo sistema finalista que serve de fundamento para nosso Código Penal; no quarto capítulo, partiu-se do marco finalista para analisar proposições que o sucederam, criticando suas bases teóricas – funcionalismos – e sua aplicação concreta – culpabilidade pela vulnerabilidade.

O quinto capítulo, por sua vez, deixa em suspenso a discussão dogmática para receber influxos de outros campos de estudo, como a teoria da mídia e a criminologia orientada pelas ciências sociais. O capítulo em comento mostra sua relevância no trabalho ao trazer à pesquisa em matéria penal e criminológica uma discussão mais pormenorizada sobre a extensão – limitada, percebeu-se – da influência efetiva da mídia no corpo social, e quais condições pré-existentes nesse corpo social possibilitaram a aderência do discurso midiático.

Não foi sem a ajuda de um sentimento coletivo – compartilhado sobretudo pela classe média, público-alvo da maioria dos meios de comunicação em massa – de insegurança ontológica, de instabilidade do mercado de trabalho, do desequilíbrio na distribuição de recompensas, que o discurso midiático de desmonte do Estado de bem-estar social e da necessidade de excluir os diferentes, injustamente privilegiados (de acordo com esse discurso), teve aderência no senso comum dominante.

Ao se discutir e cotejar os resultados obtidos ao longo da pesquisa, no capítulo 6, examina-se a influência desses discursos de criminologia midiática nos espaços de discricionariedade que a práxis da decisão judicial – inclusive em matéria criminal – permite. Confirmou-se, com argumentos da hermenêutica e da sociologia da punição, que vieses ideológicos, políticos, morais, dentre outros, tendem a preencher esses espaços de discricionariedade e ser fatores determinantes para que o julgador escolha uma dentre as interpretações possíveis da norma.

Isso é agravado tanto pela formação teórica de grande parte dos práticos do direito, que privilegia teorias da decisão judicial que atribuem ao magistrado o objetivo de pacificar anseios sociais e conservar valores e ideais dominantes, bem como da sociedade (ou seus grupos hegemônicos) representada pelo discurso midiático, que clama por medidas punitivas mais severas. Esse segundo elemento – demandas sociais – se vê bem expresso no júri, que, despido da necessidade de fundamentar suas decisões, tem um ambiente livre para interpretar esses anseios e incorporá-los em seu voto, posteriormente convertido em decisão judicial.

Como resposta a isso, ainda no capítulo 6, examinei a adequação dos modelos de culpabilidade abordados ao longo dos capítulos 3 e 4 a essa realidade de influência do discurso midiático na percepção social sobre o crime, e como essa percepção pauta as tendências interpretativas dos juízes. Demonstrada a insuficiência dos modelos finalista e funcionalista, defendo a adequação do modelo da culpabilidade por vulnerabilidade a esse contexto, visto que esse modelo fornece subsídios para se reconhecer expressamente a situação de vulnerabilidade de determinados grupos sociais e dos indivíduos neles inseridos, vulnerabilidade essa que gera um risco maior de seleção criminalizante pelo poder punitivo.

Ao reconhecer um nível de vulnerabilidade determinado, esse modelo de culpabilidade abandona a pretensão de neutralidade que anima os demais paradigmas e, assim, avalia e concentra o juízo no efetivo esforço empreendido pelo sujeito para ser criminalizado. Um indivíduo mais vulnerável que outro tende a ter que se esforçar muito menos para que as agências punitivas acreditem ser necessário puni-lo, enquanto um menos vulnerável em regra tem que empreender maior esforço.

Busquei defender que indivíduos vulneráveis, por pertencerem a um grupo estereotípico criado pelo senso comum e reforçado pelo discurso midiático, são sujeitos a um nível de exigibilidade de comportamento conforme ao direito muito maior que os demais, incluídos. De modo que já se espera que o estereotipado cometa o crime, a resposta estereotípica da punição em um elevado grau se mostra necessária – já que o grupo é essencialmente desviante, devendo ser neutralizado –, e nenhuma circunstância da realidade é apta a suavizar essa exigibilidade, já que suavizá-la implica deixar de lado os anseios dominantes da sociedade por segurança e contribuir para a manutenção do pânico moral que movimenta o senso comum punitivo. Tudo isso encoberto pelo discurso pretensamente neutro da dogmática.

Portanto, tendo demonstrado os espaços de discricionariedade em geral presentes na formação da decisão judicial, bem como a tendência presente na tradição brasileira de ocupar esses espaços com interpretações que se curvam a anseios sociais – além da cobrança da sociedade via mídia para que seus anseios sejam atendidos –, a função jurisdicional perpetua os estados de vulnerabilidade criados pelo senso comum e fortalecidos pelo discurso midiático *mainstream*, confirmando e tornando oficial a exclusão social até então informal que esses grupos sofrem discursivamente.

Com isso, a inquietação inicial que motivou o presente trabalho se mostra confirmada, tendo sido cumpridos os objetivos de investigar o instituto da culpabilidade, em seus modelos teóricos e de aplicação, bem como as possíveis influências que a mídia de massa gera no senso comum coletivo sobre a criminalidade, e como esse senso comum se revela como um ponto de partida interpretativo para decisões judiciais comumente desfavoráveis em casos penais em que figuram indivíduos estereotipados e excluídos.

Confirmado o raciocínio, defendo o emprego, possível com as ferramentas normativas vigentes no ordenamento jurídico, como as circunstâncias judiciais do artigo 59 do Código Penal[462] ou a atenuante inominada do artigo 66[463] para a fixação da pena, que reconheçam a vulnerabilidade do indivíduo criminalizado e valorem o efetivo esforço desempenhado para capturar a atenção dos órgãos de persecução penal, reduzindo-se, assim, o *quantum* de pena imposto e podendo favorecer a obtenção de benefícios e sanções alternativas à privação da liberdade.

Pode-se acrescentar, ainda, a operacionalização da inexigibilidade de conduta diversa enquanto causa supralegal de exclusão da culpabilidade, dado o grau diferenciado de exigibilidade atribuível ao vulnerável, eventualmente aproximando sua posição jurídica à do semi-imputável (sem o fator psicológico que o Código Penal leva em consideração).

Essa interpretação é adotada a partir das necessidades de se promover uma revisão crítica das categorias dogmáticas das ciências penais, que se mostre de fato comprometida com a redução da violência estrutural que permeia o sistema que essa dogmática fundamenta, visto que, como Cláudio Brandão[464] argumenta, o espaço interpretativo para criar novos âmbitos de liberdade dentro dos sentidos possíveis da norma penal deve ser o mais amplo possível.

Para se alcançar um contexto de real redução de danos, a dogmática deve abandonar sua posição de neutralidade e, sobretudo em países como Brasil, fortalecer mecanismos dentro de seu discurso para reconhecer e amenizar a tão óbvia violência que os órgãos de persecução penal empregam em desfavor de classes subalternas e

---

[462] "Art. 59 – O juiz, atendendo à culpabilidade, aos antecedentes, à conduta social, à personalidade do agente, aos motivos, às circunstâncias e conseqüências do crime, bem como ao comportamento da vítima, estabelecerá, conforme seja necessário e suficiente para reprovação e prevenção do crime [...]".

[463] "Art. 66 – A pena poderá ser ainda atenuada em razão de circunstância relevante, anterior ou posterior ao crime, embora não prevista expressamente em lei".

[464] BRANDÃO, Cláudio. *Tipicidade Penal – Dos elementos da dogmática ao giro conceitual do método entimemático*. 2. ed. Coimbra: Almedina, 2014.

indivíduos sem capacidade de se defender plenamente. O discurso midiático não apenas normaliza essa violência, como também clama por um incremento nela.

Como a regulação da mídia de massa é uma questão a ser abordada pelos acadêmicos da comunicação social e articuladores do assunto junto ao poder público – que podem examinar com muito mais cautela e subsídios próprios, por exemplo, a problemática da liberdade de expressão e sua relação com discursos intolerantes, dentre outros assuntos correlatos –, resta ao acadêmico das ciências penais tomar a influência dos meios de comunicação, limitada que seja, como uma realidade concreta que produz efeitos no âmbito da decisão judicial em matéria penal. Foi justamente essa a análise que se propôs no presente trabalho, e que teve seu desfecho com o estudo da culpabilidade pela vulnerabilidade, de operacionalização plenamente viável no ordenamento jurídico vigente no Brasil.

REFERÊNCIAS

ALAGIA, Alejandro; SLOKAR, Alejandro; ZAFFARONI, Eugenio Raúl. *Derecho penal*: parte general. 2. ed. Buenos Aires: Ediar, 2002.

ANITUA, Gabriel Ignacio. *Historia de los pensamientos criminológicos*. Buenos Aires: Editores del Puerto, 2005.

ANDRADE, Vera Regina Pereira de. *Pelas mãos da criminologia*: o controle penal para além da (des)ilusão. Rio de Janeiro: Revan, 2012.

ÁVILA, Gustavo Noronha de; RAMOS, Márcio Buttelli. Eu, vigilante: (Re)discutindo a cultura punitiva contemporânea a partir das redes sociais. *Revista de Estudos Criminais*, São Paulo, a. XII, n. 52, p. 145-162, 2014.

AZEVEDO, Rodrigo Ghiringhelli. *Sociologia e justiça penal*: teoria e prática da pesquisa sociocriminológica. Rio de Janeiro: Lumen Juris, 2010.

BARAN, Stanley J.; DAVIS, Dennis K. *Mass communication theory*: foundations, ferment and future. 7. ed. Stamford, Connecticut: Cengage Learning, 2013.

BARATTA, Alessandro. *Criminologia crítica e crítica do Direito Penal*: introdução à sociologia do Direito Penal. 6. ed. Rio de Janeiro: Revan, 2011.

BARROS, Diana Pessoa de. Intolerância, preconceito e exclusão. *In*: LARA, Glaucia Proença; LIMBERTI, Rita Pacheco (Orgs.). *Discurso e (des)igualdade social*. São Paulo: Contexto, 2015.

BATISTA, Nilo. Cem anos de reprovação. *Revista Passagens*, Rio de Janeiro, v. 1, n. 1, ano 1, 2009.

BATISTA, Nilo. *Introdução crítica ao Direito penal brasileiro*. 11. ed. Rio de Janeiro: Revan, 2007.

BATISTA, Nilo. Mídia e sistema penal no capitalismo tardio. *Biblioteca On-line de Ciências da Computação*. Disponível em: http://www.bocc.ubi.pt/pag/batista-nilo-midia-sistema-penal. pdf. Acesso em 10 out. 2018.

BAUMAN, Zygmunt. *Modernidade e holocausto*. (Trad. Marcus Penchel). Rio de Janeiro: Zahar, 1998.

BECCARIA, Cesare. *Dos delitos e das penas*. São Paulo: Martin Claret, 2005.

BECKER, Howard S. *Outsiders*: estudos de sociologia do desvio. Rio de Janeiro: Zahar, 2008.

BERGAMO, Mônica. Celso de Mello: nunca a mídia foi tão ostensiva para subjugar um juiz. *Folha de S. Paulo*, São Paulo, 26 set. 2013. Disponível em: https://m.folha.uol.com.br/colunas/monicabergamo/2013/09/1347507-nunca-a-midia-foi-tao-ontensiva-para-subjugar-um-juiz-diz-ministro-celso-de-mello.shtml. Acesso em 04 dez. 2020.

BITENCOURT, Cezar Roberto. *Tratado de Direito penal*: parte geral 1. 15. ed. São Paulo: Saraiva, 2010.

BITTAR, Eduardo. *Curso de Filosofia do Direito*. 4. ed. São Paulo: Atlas, 2005.

BOURDIEU, Pierre. *Sobre a televisão*. Rio de Janeiro: Zahar, 1997.

BRANDÃO, Cláudio. Culpabilidade: sua análise na dogmática e no direito penal brasileiro. *Revista dos Tribunais Online*, Ciências Penais, v. 1, p. 171-184, jul. 2004.

BRANDÃO, Cláudio. *Teoria jurídica do crime*. 4. ed. São Paulo: Atlas, 2015.

BRANDÃO, Cláudio. *Tipicidade Penal - Dos elementos da dogmática ao giro conceitual do método entimemático*. 2. ed. Coimbra: Almedina, 2014.

BRASIL. Decreto-Lei nº 2.848, de 07 de dezembro de 1940. Código Penal. *Diário Oficial da União*, Rio de Janeiro, 7 dez. 1940. Disponível em: http://www.planalto.gov.br/ccivil_03/decreto-lei/Del2848compilado.htm. Acesso em 18 ago. 2018.

BOTTON, Alain de. *Notícias*: manual do usuário. Rio de Janeiro: Intrínseca, 2014.

BUSATO, Paulo César. *Direito penal*: parte geral. 2. ed. São Paulo: Atlas, 2015.

CARVALHO, Salo de. *A política criminal de drogas no Brasil (Estudo criminológico e dogmático da Lei nº 11.343/06)*. 5. ed. amp. e atual. Rio de Janeiro: Lumen Juris, 2010.

CARVALHO, Salo de. *Antimanual de criminologia*. 4. ed. Rio de Janeiro: Lumen Juris, 2011.

CARVALHO, Salo de. Sobre as possibilidades de uma penologia crítica: provocações criminológicas às teorias da pena na era do grande encarceramento. *Revista Polis e Psique*, Porto Alegre, v. 3, n. 3, p. 143-164, 2013.

CASTELO BRANCO, Bruno Cortez Torres. *Dogmática penal do perigo e o perigo da dogmática penal*: dois mirantes sobre o excesso da punição nos crimes patrimoniais. 157 f. Dissertação (Mestrado) – Universidade Federal do Paraná, Curitiba, 2015.

CERQUEIRA, Daniel (Org.). *Atlas da violência 2018*: Ipea e FBSP. Rio de Janeiro: Ipea e Fórum Brasileiro de Segurança Pública, 2018. Disponível em: http://www.ipea.gov.br/portal/images/stories/PDFs/relatorio_institucional/180604_atlas_da_violencia_2018.pdf Acesso em 14 set. 2018.

CHARAUDEAU, Patrick. Identidade linguística, identidade cultura: uma relação paradoxal. *In*: LARA, Glaucia Proença; LIMBERTI, Rita Pacheco (Orgs.). *Discurso e (des) igualdade social*. São Paulo: Contexto, 2015.

COHEN, Stanley. *Folk devils and moral panics*: the creation of the mods and the rockers. 3. ed. New York: Routledge, 2002.

CORNELIUS, Eduardo Gutierrez. Sociologia da punição e a contribuição de Pierre Bourdieu: formulação teórica da decisão judicial punitiva como objeto de pesquisa. *Confluências – Revista interdisciplinar de sociologia e direito*, Rio de Janeiro, v. 18, n. 3, p. 65-91, 2016.

REFERÊNCIAS | 165

DALLA-ROSA, Juliana Fröhner. *Tendências do Direito Penal contemporâneo*: uma análise das funções e dos limites do Direito Penal a partir de Ferrajoli e Jakobs. 183 f. Dissertação (Mestrado). Universidade Federal do Paraná, Curitiba, 2008.

DIAS, Annelise Schütz; GUIMARÃES, Isabel Padilha. Mídia noticiosa, crime e violência: discussões teóricas. *Sistema Penal & Violência*, Rio Grande do Sul, v. 6, n. 2, p. 280-291, jul./dez. 2014.

FEELEY, Malcolm; SIMON, Jonathan. Folk devils and moral panics: an appreciation from North America. *In*: DOWNES, David *et al.* (Orgs.). *Crime, social control and human rights*: from moral panics to states of denial. Portland: Willan Publishing, 2007.

FERRAJOLI, Luigi. *Direito e razão*: teoria do garantismo penal. 4. ed. São Paulo: Revista dos Tribunais, 2014.

FERRAZ, Hamilton. Culpabilidade pela vulnerabilidade: uma introdução aos seus pressupostos, fundamentos e controvérsias. *Revista Brasileira de Ciências Criminais*, São Paulo, v. 120, p. 7, mai./jun. 2016.

FOUCAULT, Michel. *Vigiar e punir*: história da violência nas prisões. 40. ed. Petrópolis: Editora Vozes, 2012.

FRANK, Reinhard. *Sobre la estructura del concepto de culpabilidad*. Reimpresión. Buenos Aires: B de F, 2002.

GARLAND, David. *The culture of control*: crime and social order in contemporary society. Chicago: The University of Chicago Press, 2001.

GOFFMAN, Erving. *Estigma*: notas sobre a manipulação da identidade deteriorada. 4. ed. Rio de Janeiro: LTC Editora, 1988.

GUILHERME, Lázaro Samuel Gonçalves. *Princípio da coculpabilidade e culpabilidade pela vulnerabilidade*: mecanismos de controle e limitação (correção) da seletividade penal. 144 f. Dissertação (Mestrado) – Programa de Pós-Graduação em Direito, Pontifícia Universidade Católica de Minas Gerais, Belo Horizonte, 2017.

LEA, John; YOUNG, Jock. ¿Que hacer con la ley y el orden? Buenos Aires: Editores del Puerto, 2001.

LEITE, Alaor. Domínio do fato, domínio da organização e responsabilidade penal por fatos de terceiros. Os conceitos de autor e partícipe na AP nº 470 do Supremo Tribunal Federal. *In*: GRECO, Luís *et al.* (Orgs.). *Autoria como domínio do fato*: estudos introdutórios sobre o concurso de pessoas no Direito Penal brasileiro. São Paulo: Marcial Pons, 2014.

LUZ, Yuri Corrêa da. *Entre bens jurídicos e deveres normativos*: um estudo sobre os fundamentos do Direito Penal contemporâneo. São Paulo: IBCCRIM, 2013.

MAÍLLO, Alfonso Serrano. *Introducción a la Criminología*. 4. ed. Madrid: Dykinson, 2006.

MALAGUTI BATISTA, Vera. *Introdução crítica à criminologia brasileira*. 2. ed. Rio de Janeiro: Revan, 2012.

MARTINS JÚNIOR, Fernando Nogueira. *Vida e morte (e vida) da culpabilidade penal*: contribuição da teoria do delito para um Estado Democrático de Direito. 116 f. Dissertação (Mestrado) – Faculdade de Direito da Universidade Federal de Minas Gerais, Belo Horizonte, 2012.

MEZGER, Edmund. *Derecho penal*: libro de estudio, parte general. Buenos Aires: Editorial Bibliográfica Argentina, 1958.

MORAIS DA ROSA, Alexandre. *Decisão no processo penal como bricolage de significantes*. 443 f. Tese (Doutorado) – Universidade Federal do Paraná, Curitiba, 2004.

MORAIS DA ROSA, Alexandre; KHALED JR., Salah. *In dubio pro hell*: profanando o sistema penal. Rio de Janeiro: Lumen Juris, 2014.

MORRISON, Wayne. *Filosofia do Direito*: dos gregos ao pós-modernismo. São Paulo: Martins Fontes, 2006.

MUÑOZ CONDE, Francisco. *Edmund Mezger e o Direito penal de seu tempo*: estudos sobre o Direito Penal no Nacional-Socialismo. Rio de Janeiro: Lumen Juris, 2005.

NEGRINI, Michelle; TONDO, Rômulo. Espetacularização e sensacionalismo: reflexões sobre o jornalismo televisivo. *In*: *Congresso Brasileiro de Ciências da Comunicação, 22, Anais...*, Curitiba, Intercom – Sociedade Brasileira de Estudos Interdisciplinares da Comunicação, 2009.

O ABUTRE. Direção: Dan Gilroy. Intérpretes Jake Gyllenhaal; Rene Russo e outros. Roteiro: Dan Gilroy. Los Angeles: Bold Films, Nightcrawler, Sierra/Affinity. 2014. 118 minutos.

PIERANGELI, José Henrique; ZAFFARONI, Eugenio Raúl. *Manual de Direito Penal brasileiro – parte geral*. 4. ed. rev. São Paulo: Revista dos Tribunais, 2002.

PLANAS, Roberto Robles. *Estudos de dogmática jurídico-penal*: fundamentos, teoria do delito e Direito penal econômico. 2. ed. Belo Horizonte: D'Plácido Editora, 2016.

QUEIROZ, Paulo. *Curso de Direito penal 1*: parte geral. 9. ed rev., ampl. e atual. Salvador: JusPODIVM, 2013.

RIBEIRO, Thaísa Bernhardt. *Culpabilidade e função*: análise crítica da teoria da culpabilidade na obra de Günther Jakobs. 284 f. Dissertação (Mestrado) – Universidade de São Paulo, São Paulo, 2014.

RODRIGUES, Leonardo Monteiro. *A evolução das teorias da culpabilidade*: do causalismo ao funcionalismo-teleológico. 107 f. Dissertação (Mestrado) – Programa de Pós-Graduação em Direito da Pontifícia Universidade Católica de Minas Gerais, Belo Horizonte, 2016.

ROXIN, Claus. *Culpabilidad y prevención en Derecho Penal*. (Trad.: Muñoz Conde). Madrid: Instituto Editorial Reus, 1981.

SANTOS, Juarez Cirino. *Direito penal*: parte geral. 5. ed. rev. ampl. Curitiba: Lumen Juris, 2012.

REFERÊNCIAS | 167

SARKIS, Jamilla; VIANNA, Túlio. Execrando suspeitos para atrair audiência: o uso de concessões públicas de TV para a prática de violações do direito constitucional à imagem. *In*: SOUZA, Bernardo de Azevedo e; SOTO, Rafael Eduardo de Andrade (Orgs.). *Ciências criminais em debate*: perspectivas interdisciplinares. Rio de Janeiro: Lumen Juris, 2015.

SEEGER, Luana; SILVA, Edenise Andrade da. O tribunal do júri e o poder de influência da mídia contemporânea nos casos de crimes de homicídio: reflexões para pensar políticas públicas de garantias de imparcialidade dos jurados. *In*: *Seminário Internacional Demandas Sociais e Políticas Públicas na Sociedade Contemporânea, 13, Anais...*, Santa Cruz do Sul, Universidade de Santa Cruz do Sul, 2016. Disponível em: https://online.unisc. br/acadnet/anais/index.php/sidspp/article/viewFile/15810/3709. Acesso em 10 out. 2018.

SIQUEIRA, Leonardo. *Culpabilidade e pena*: a trajetória do conceito material de culpabilidade e suas relações com a medida da pena. Belo Horizonte: Editora D'Plácido, 2016.

STRECK, Lênio Luiz. *O que é isto – Decido conforme minha consciência?* Porto Alegre: Livraria do Advogado, 2013.

STRECK, Lênio Luiz. *Tribunal do júri*: símbolos e rituais. 4. ed rev. e mod. Porto Alegre: Livraria do Advogado, 2001.

SUPERIOR TRIBUNAL DE JUSTIÇA. *Recurso Especial nº 1334097/RJ*, 4ª T., Rel. Min. Luís Felipe Salomão, julgado em 28.5.2013.

SUPERIOR TRIBUNAL DE JUSTIÇA. *Habeas Corpus nº 593.488*. Relator Min. Rogério Schietti Cruz. 6ª Turma. Julgado em 17 de novembro de 2020.

SWAANINGEN, René Van. *Perspectivas europeas para una criminología crítica*. Buenos Aires: B de F, 2011.

TANGERINO, Davi de Paiva Costa. *Apreciação crítica dos fundamentos da culpabilidade a partir da criminologia*: contribuições para um Direito penal mais ético. 281 f. Tese (Doutorado) – Universidade de São Paulo, São Paulo, 2009.

TAYLOR, Ian; WALTON, Paul; YOUNG, Jock. *La nueva criminología*: contribución a una teoría social de la conducta desviada. Buenos Aires: Amorrortu Editores, 1997.

VON LIZST, Franz. *Direito Penal Alemão – Tomo I*. (Trad. da última edição e comentado pelo Dr. José Hygino Duarte Pereira). Rio de Janeiro: F. Briguiet & C. Editores 16 e 18, 1899.

WACQUANT, Loïc. *Punir os pobres*: a nova gestão da miséria nos Estados Unidos. 2. ed. Rio de Janeiro: Revan, 2003.

WALLACE, David Foster. E unibus pluram: television and U.S. Fiction. *Review of contemporary fiction*, Victoria, Texas, v. 13, n. 2, 1993.

WELZEL, Hans. *El nuevo sistema del Derecho penal*: una introducción a la doctrina de la acción finalista. 2. reimp. (Trad. y notas por José Cerezo Mir). Buenos Aires: B de F, 2004.

WILLIAMS, Kevin. *Understanding media theory*. Londres: Arnold, 2003.

YOUNG, Jock. El fracaso de la criminología: la necesidad de un realismo radical. *In*: *Criminologia crítica y control social 1*: el poder punitivo. Rosario: Editorial Juris, 1993.

YOUNG, Jock. La energía en merton, la estructura em katz: la sociología de la represión y la criminología de la trasgresión. *Revista Anthropos*, Barcelona, n. 204, p. 167-175, 2004.

YOUNG, Jock. Slipping away – moral panics each side of "the Golden Age". *In*: DOWNES, David *et al.* (Orgs.). *Crime, social control and human rights*: from moral panics to states of denial. Portland: Willan Publishing, 2007.

YOUNG, Jock. *The exclusive society*: social exclusion, crime and difference in late modernity. Londres: SAGE Publications, 1999.

ZAFFARONI, Eugenio Raúl. *A palavra dos mortos*: conferências de criminologia cautelar. São Paulo: Saraiva, 2014.

ZAFFARONI, Eugenio Raul. *Em busca das penas perdidas*: a perda da legitimidade do sistema penal. 5. ed. Rio de Janeiro: Revan, 1991.